知　见

见前所未见

胜算

《资治通鉴》的成事管理心法

时梧——著

文化发展出版社
Cultural Development Press
·北京·

图书在版编目（CIP）数据

胜算 / 时梧著. -- 北京 : 文化发展出版社, 2024.
11. -- ISBN 978-7-5142-4450-2

Ⅰ. F272.9

中国国家版本馆 CIP 数据核字第 2024X8M723 号

胜算

著　　者　时　梧

责任编辑：唐志峰　　责任校对：岳智勇
责任印制：邓辉明　　封面设计：博文斯创
出版发行：文化发展出版社（北京市翠微路2号　邮编：100036）
发行电话：010-88275993　010-88275711
网　　址：www.wenhuafazhan.com
经　　销：全国新华书店
印　　刷：金世嘉元（唐山）印务有限公司

开　　本：787mm×1092mm　1/16
字　　数：160千字
印　　张：12
版　　次：2024年11月第1版
印　　次：2024年11月第1次印刷

定　　价：59.80元
I S B N：978-7-5142-4450-2

◆ 如有印装质量问题，请与我社印制部联系　电话：010-88275720

目录

气场

情绪

六　用人管理心法　\　084

用人

七　决策管理心法　\　106

决策

八　团队管理心法　\　125

团队

九　统御管理心法　\　145

统御

十　根基管理心法　\　164

一　气场管理心法

气场是一个人的气质对周围人的影响。它虽然无形，却是真实存在的。一个人有强大的气场，就会呈现出强大的力量和威势。作为王者，必须有强大的气场，才能形成号召力和凝聚力。那么，王者应当有哪些气质才能形成巨大的气场呢？可以归纳为大气、正气、和气、静气、英气、豪气、霸气、才气等。

大气即格局很大，宽仁豁达；正气即凛然正气，厚道正派；和气即和蔼可亲，平易近人；静气即静虑深沉，镇定自若；英气即雄姿英发，气宇轩昂；豪气即雄豪磊落，坦坦荡荡；霸气不是霸道，是具备刚毅强势之气，能镇得住场面；才气即才华过人，富有韬略。

对于优秀的君王来说，必须有大气、正气、和气、霸气。唯其有大气、正气、和气，才能吸引人；唯其有霸气，才能管理人。

汉高祖：心胸豁达，宽仁大度

心胸豁达、宽仁大度是汉高祖刘邦的重要性格特质，也是汉高祖能被人所称道且能吸引人的原因之一。

司马光在《资治通鉴》中多处描写了汉高祖的性格特质。

比如，《资治通鉴 · 秦纪二》载，刘邦“爱人喜施，意豁如也”“常有大度”，意思是刘邦仁爱他人，喜欢施舍，心胸豁达，开阔大度。

又如，《资治通鉴 · 汉纪四》讲“高祖不修文学，而性明达，好谋，能听，自监门、戍卒，见之如旧”，意思是汉高祖不修习学术，而性格聪明通达，喜好谋略，能听取别人的意见，即使是守门的人、戍边的士兵，见到他就像熟人一样。尤其是这种天生“自来熟”的性格，能够让人产生自然而然的亲切感和好感，正是其心胸豁达的性格魅力。

再如，《资治通鉴 · 汉纪三十三》载，建武五年（公元 29 年），班彪（史学家班固的父亲）作《王命论》。这里面讲汉高祖能从布衣统一天下是有天命的，而不是靠智力所能求得的，并说汉高祖“宽明而仁恕……”。“宽明而仁恕”正含宽仁大度之义。

从历史实践看，汉高祖之所以能成就帝王之业，心胸豁达、宽仁大度的性格特质起了至关重要的作用。司马光在《资治通鉴》中记载了汉高祖的几件事迹。

一是深得楚怀王手下老将认可，被楚怀王派遣入关中。《资治通鉴 · 秦纪三》载，当初，楚怀王与诸位将领约定：“先入定关中者王之（谁先攻入关中，谁就在关中称王)。”这时候，秦军仍旧强大，经常乘胜追击逃敌，因此诸位将领没有一个人认为先入关是有利的，独有项羽怨恨秦军杀了他的叔叔项梁，非常激愤，愿同刘邦一起西进入关。

楚怀王手下的老将们都说：“项羽为人，剽悍、狡猾、凶残，曾经攻襄城时，襄城中的军民没有一个留下的，全部被活埋了。凡是他所到之处，无不被他残杀毁灭。况且楚军数次进攻，以前的陈胜、项梁都失败了，不如改派长者，以仁义为号召，率军向西，向秦国的父老兄弟申明道理。秦国的父老兄弟苦于他们君主的暴政已经很久了，现在真能有位长者前往，不侵夺暴虐，关中应当可以攻下。项羽不可派遣，只有沛公刘邦向来宽宏大量，是真正的长者，可以派遣。”

于是楚怀王没有答应项羽的请求，而派遣刘邦西进攻城略地，收陈胜、项梁的散兵，以讨伐秦军。

正是因为刘邦给诸位将领的印象是具长者之风，是宽仁大度之人，楚怀王才派他从西线入秦。而秦军的主力和项羽相持，这样使得刘邦比较容易地先入关中，灭亡了秦朝。

二是不杀秦王子婴，秦人怀其恩德。《资治通鉴·汉纪一》载，汉高祖元年（公元前206年），刘邦率军抵达灞上（这时已攻破函谷关，进入秦朝关中腹地)。秦王子婴乘坐素车、白马，脖子上系着绳子以表示自己该服罪自杀，手捧封好的皇帝玉玺和兵符、使节，伏在轵道亭旁向刘邦投降。诸将之中有人建议诛杀秦王子婴。刘邦说：“起初楚怀王之所以派我刘邦伐秦，本来就是因为我能宽宏，有容人之量。何况人家已经投降了，还要诛杀，这样做是不吉祥的。”于是便将秦王子婴交给了主管官员，以等待楚怀王之命处置。

对于刘邦不诛杀秦王子婴之事，明代大学士张居正等编撰的《通鉴直解》中称之为“此沛公之仁也”，并解说：“其后项羽入关，遂杀子婴、坑降卒、烧秦宫室，秦人以是怀沛公之恩，而怨项羽之虐。则楚汉成败之机，盖已决于此矣。”这是讲，后来项羽入关，杀秦王子婴、坑杀投降的士兵、焚毁秦朝的宫室。于是，秦人都怀念沛公的恩德，而怨恨项羽的暴虐。楚汉之争的成败之机，在这时就已经定了。

三是为项羽发丧举哀，不杀项羽宗族亲属。刘邦不仅不诛杀秦王子婴，而且对项羽的宗族亲属也不诛杀。《资治通鉴·汉纪三》载，汉高祖五年（公元前 202 年），楚地全部平定了，唯独鲁县没有攻下，汉高祖本想引天下兵屠城。大军到了城下，听到城中礼乐弦诵之声，因为鲁县的人们坚守礼义，为主人（项羽曾被楚怀王封为鲁公）尽忠守节，于是汉军持项羽的头颅给鲁县的父老看，鲁地才投降。汉高祖以鲁公之礼将项羽安葬，亲自为项羽发丧举哀，哭了一场然后离开。对各支项氏宗族亲属都不诛杀，还封项伯等四人为列侯，赐姓刘氏，从楚掳来的百姓也都让他们回去。

从这可以看出，汉高祖是非常宽仁大度的。无论对秦之嬴氏，还是楚之项氏都加以善待。所以，明太祖朱元璋歌咏历代帝王时，称赞刘邦说："惟汉高祖皇帝除嬴（秦）平项（羽），宽仁大度，威加海内，年开四百。有君天下之德而安万世之功者也。”

后世总结汉高祖之所以能成为帝王，首要的性格特质正是心胸豁达、宽仁大度。比如《长短经·君德第九》载：汉高祖、光武帝两位帝王，都从民间兴起，除去祸难，开创了王业。汉高祖豁达大度，光武帝谨细条目，各有优长，龙飞凤翔，因此能拨乱护人，拯救处于苦难中的人民。这里面称赞汉高祖心胸豁达、非常大度。

又如《明史·孔克仁列传》载，明太祖朱元璋问孔克仁："汉高祖由一位平民而为大国之君，靠的是什么大道法则？”孔克仁回答说："知人善任。”明太祖说："项羽南面称孤，不施仁义，而骄傲自大，夸耀功劳，汉高祖却济以宽仁，最终胜过了他。”这里面，孔克仁认为汉高祖成就帝王之业在于知人善任，这的确是重要方面；而明太祖则认为是宽仁，这是从帝王的角度总结，无疑站得更高。

光武帝：谨慎厚道，直诚柔和

一代伟人毛泽东点评光武帝刘秀是“最有学问、最会打仗、最会用人的皇帝”。明末清初大学者王夫之在《读通鉴论·卷六·光武》中讲：“自三代而下，唯光武允冠百王矣。”也就是说，三代（夏、商、周）以后，唯独光武帝是帝王中最杰出的。

那么他的性格特质是什么呢？他的气场体现在哪里呢？司马光在《资治通鉴》中讲了两个词：“谨厚”“直柔”，即谨慎厚道、直诚柔和。

先说“谨厚”。《资治通鉴·汉纪三十》载，刘秀的祖先是长沙定王刘发，到了他父亲刘钦之时已衰落。刘钦当时任南顿的县令，娶湖阳人樊重的女儿为妻，生了三个儿子：刘縯、刘仲、刘秀。兄弟三人很早就成了孤儿，由叔叔刘良抚养。刘秀的大哥刘縯性格刚毅，慷慨有大节，自从王莽篡汉后，时常愤愤不平，怀有光复社稷的志向，不经营家里产业，而是卖掉产业以结交天下英雄俊杰。刘秀“隆准日角”（鼻梁高，额角隆起），勤劳，爱好种田。刘縯常常讥笑他，将他比作汉高祖的哥哥。刘秀的姐姐刘元嫁给新野县人邓晨为妻，刘秀曾经与邓晨一起去过穰县人蔡少公那里，蔡少公学图谶有一定深度，说：“刘秀当为天子！”有人说：“这说的是国师公刘秀吧？”刘秀开玩笑说：“怎么知道不是我呢？”在座的人都大笑。只有邓晨心中暗暗高兴。

地皇三年（公元 22 年），李轶对堂兄李通说：“如今四方扰乱，汉室当复兴，南阳宗室中，只有刘伯升（伯升，是刘縯的字）兄弟爱护大家、容纳众人，可以与他们谋划大事。”恰逢刘秀在宛城卖谷，于是李通派遣李轶前往迎接刘秀，和他相见，并详谈了谶文之事，与之结交，定好起事日期。于是刘缜召集诸豪杰谋划商议说：“王莽暴虐，百姓分崩离析，如今枯旱连年，兵革并起，这是天亡王莽的时候，也是恢复汉高祖基业、定万世之功的时候！”众人都表示很对，于是分别派出亲友宾客到各县起兵。刘缜自己则发动春陵子弟起事，但是各家的子弟很恐惧，都逃亡躲藏起来，还说：“伯升杀我！”等到刘秀穿着红衣，头戴大冠时，都惊讶地说：“谨厚者亦复为之（谨慎厚道的人也起兵了）！”于是人心才逐渐安定。

从以上看出，刘秀给众人的印象就是谨慎厚道。因为谨慎的人，一般不会没把握就干，考虑周全了才会起事。而厚道的人，一般比较老实，不逼到头上，也不会起兵。谨慎厚道的人都起兵了，所以大家认为确实可以跟着干。

再说“直柔”。《资治通鉴 · 汉纪三十五》载，建武十七年（公元41年），光武帝刘秀前往章陵，修整先人的陵园庙祠，祭祀旧宅，观看田地农舍，摆设酒宴奏乐，并进行赏赐。当时，刘氏宗室的母辈在酒酣之时非常高兴，相互议论说：“文叔（刘秀的字）少时谨信，与人不款曲，唯直柔耳，今乃能如此（意思是，刘秀年少时谨慎诚信，与人打交道不够殷勤，只是直诚柔和罢了，今天竟然能如此）！”刘秀听说后，大笑说：“我治理天下，也要推行柔和之道。”

这里面，通过刘氏宗室母辈的话可知，刘秀给亲族长辈的印象是不怎么应酬，为人直诚柔和。

实际上，谨慎厚道、直诚柔和是极其重要的性格品质。

清朝学者王永彬对谨慎厚道给予了很高的评价，他在《围炉夜话》中讲“敦厚之人，始可托大事，故安刘氏者，必绛侯也；谨慎之人，方能成大功，故兴汉室者，必武侯也”。绛侯指的就是周勃，周勃为人敦厚，最后平定吕氏外戚、立代王刘恒为帝，靠的就是他。武侯指的是诸葛亮，诸葛亮是一个典型的谨慎之人。

而直诚柔和则包含了儒家和道家的智慧。“直”是儒家智慧，《易经·坤卦》中就称赞“直、方、大”三德。“柔”是道家智慧，《道德经》第七十八章讲：“天下莫柔弱于水，而攻坚强者莫之能先。”水虽然最柔弱，但它可以冲决一切比它强大的东西。所以，柔并不是弱不禁风、弱而无力。

汉章帝：德行忠厚，长者风范

所谓“忠厚”，就是忠实、厚道。而“长者”不同于“老者”，不是指年纪大、阅历多，而是更强调德行宽厚。在中国历史上，有一位被史学家称赞为“忠厚长者”的帝王，他就是光武帝的孙子、汉明帝的儿子汉章帝刘炟。

司马光在《资治通鉴·汉纪三十九》中引用史学家范晔对汉章帝的评论：“魏文帝说汉明帝精明苛察，而汉章帝是忠厚长者。汉章帝向来通达人情，不喜欢汉明帝的苛刻切责，事事都遵从宽厚；侍奉明德马太后，尽心孝道。他在位时减轻徭役、减少赋税，使百姓得到恩惠；他又以忠恕之道为体，以礼乐教化为文。称他为忠厚长者，不也应当吗？”司马光非常认可这个“忠厚长者”的评论，所以将其放入《资治通鉴》中。

忠厚长者风范也是帝王非常重要的气场。司马光在《资治通鉴》中记载了不少汉章帝这方面的事迹。

一是改变苛刻切责的政风。《资治通鉴·汉纪三十八》载，当时，沿袭汉明帝时的旧例，官吏施政都崇尚严苛，尚书决断之事，多从重处理。尚书、沛国人陈宠认为，汉章帝新即位应当改革前世的苛刻之风，于是上疏建议汉章帝发扬古代先王之道，清除烦苛之法，减轻刑罚以拯救群生。汉章帝深纳陈宠之言，对于每件政事的处理务必宽厚。

二是选用温善仁贤忠厚安静的官吏。汉章帝治理国家，注重选拔温善仁贤忠厚安静的官吏，不选那些苛察深刻的官吏。因此，他对第五伦、韦彪关于进用仁贤忠厚官吏、摒弃严苛官吏的意见予以采纳。同时，自已也专门下诏任用那些安静而不苛刻的官吏。

比如《资治通鉴·汉纪三十八》载，建初元年（公元76年），即位没多久的汉章帝就下诏："二千石官员应当劝勉农耕和桑蚕之业，如果百姓所犯之罪不是应当立即斩首，都须等到秋天之后审理。有关部门要审慎地选用推荐官吏，进用温柔善良的，黜退贪婪狡猾的，顺应时令，审理冤狱。"

又如《资治通鉴·汉纪三十九》载，元和二年（公元85年），汉章帝下诏说："踏实稳重的官吏，诚恳而无虚华，考察他每天的政绩好像不足，但每月的政绩却有很多。像襄城县令刘方，官吏百姓都说他为政从简，不搅扰百姓，他虽然没有其他特殊政绩，这也大概接近朕的要求。如果'以苛为察，以刻为明，以轻为德，以重为威'（以苛求为明察，以苛刻为聪明，以从轻为恩德，以重惩为威风），这四个方面兴起，百姓就会有怨恨之心。我诏书数次下达，颁布诏书的使者都在路上相接，而吏治不见好转，有的百姓不守本业，毛病出在哪里？希望大家牢记以往的法令，以称朕意。"

元和三年（公元86年），汉章帝还任命颍川人郭躬担任廷尉。郭躬在决断案件判处刑罚时，多依照法律矜悯宽恕罪犯。他从那些判处重刑的条文中找出可以从轻的四十一条，上奏汉章帝，一一被采纳施行。

三是对待百姓施政宽厚。除了选用那些仁贤忠厚等官吏善待百姓外，汉章帝还注重采取开仓赈济饥民、为冤屈者进行平反、免除百姓徭役、免除地方进贡、巡行不扰民等实际仁政措施宽待百姓。如《资治通鉴·汉纪三十八》载，建初元年（公元76年）正月，刚继位不久的汉章帝下诏命令兖州、豫州、徐州开仓赈济饥民；建初元年（公元76年），汉章帝采纳司徒鲍昱的建议，为那些受楚王之案牵连的冤屈者进行平反，让受流放的全部返回家乡，除去他们不准做官的禁令，使死者、生者各得其所；建初二年（公元77年）四月，汉章帝下诏让因楚王之案与淮阳王之案牵连而被流放的四百多户人返回家乡。

特别值得一提的是，汉章帝还下诏建立"胎养谷"制度。《资治通鉴·汉纪三十九》载，元和二年（公元85年）正月，汉章帝下诏说：“法令规定：百姓有生产孩子的，免收人头税三年。如今所有怀孕的妇女，由官府赏赐胎养谷每人三斛，免除她的丈夫一年的人头税。将此诏书定为法令。”这个“胎养谷”制度，甚至比现代国家所讲的“从摇篮到坟墓”的福利体系（如北欧的挪威）还要先进。

四是不追究孔僖、崔骃议论之罪。《资治通鉴·汉纪三十八》载，元和元年（公元84年），鲁国人孔僖、涿郡人崔骃一同在太学读书，两人谈论说：“孝武皇帝（汉武帝）开始当天子的时候，推崇信仰圣人之道，五六年间，政绩被称作胜过汉文帝、汉景帝，等到后来放纵自己，忘记了之前的善政。”邻房的太学生梁郁上书，控告他们诽谤先帝，讽刺当世。这个事件交给有关部门处理，崔骃去见官吏受讯。孔僖上书自我申辩，奏书呈上后，汉章帝下诏停止追究此事，并任命孔僖担任兰台令史。

在中国历史上，像汉章帝这样有忠厚长者气场的帝王并不多，反而多有一些精明苛察的帝王。像《资治通鉴·汉纪三十六》载，汉明帝性格褊狭，精明苛察，喜欢窥探人的隐私，然后揭发出来，以显示自己英明。还有《资治通鉴·隋纪一》载，隋文帝生性多疑，好猜忌大臣，不喜欢学习古代帝王的治国之道，当初他是依靠自己的聪明谋略得到君主之位的，因而他以熟悉法律制度而自负，以明察秋毫而驾驭朝臣。经常命令亲近的人去窥探内外诸臣，一旦发现某人有过错就处以重罪。

一般来说，执政者很容易因自恃聪明而陷于苛察；若其喜欢苛察，则必然导致下属不能放开手脚提出自己的建议，不再关心政事，只等上面的指示，严重的还会导致人人自危，这样就会给事业带来危害。而对于下属来说，苛急切责会让他们产生怨气。所以，领导者要效法汉章帝这样的忠厚长者之风，这样不仅下属会敢于进言、敢于做事，而且大家也感到宽大自由。

晋武帝：宇量弘厚，容纳直言

中国自东汉末年开始，战乱不断，经历了魏、蜀、吴三国时期，直到晋武帝时才实现天下统一。司马光在《资治通鉴》中对晋武帝评价很高。在《资治通鉴·晋纪一》中以“臣光曰”评价晋武帝是“不世之贤君”。司马光还在《资治通鉴·晋纪十一》中引用干宝的评论说：“晋世祖司马炎登上皇帝之位，以仁爱宽厚对待百姓，节俭而保证用度，为政温和但不松弛，为政宽大但能决断，所统治的地方遍及尧舜旧时的疆域，颁布的历法也在荒远的地方推行。当时有‘天下无穷人’的谚语，虽然还没有完全太平，但也足以表明百姓安居乐业了。”这个评价是恰当的，也是很高的。

对于晋武帝个人性格特质，司马光在《资治通鉴·晋纪四》中评价晋武帝说：“帝宇量弘厚，明达好谋，容纳直言。”所谓宇量弘厚，就是器宇度量宽宏。曾国藩《冰鉴》中曾提到识人时“功名看器宇”，器宇就是胸怀、气概、风度之意。这个评价是说晋武帝器宇度量宽宏，聪明通达而喜欢谋略，能容纳正直之言。有两件事可以说明晋武帝宇量弘厚这个特点。

一件事是录用蜀国名臣后代、褒奖蜀国忠臣。《资治通鉴·晋纪一》载，泰始五年（公元269年），晋武帝下诏说：“诸葛亮在蜀，尽心尽力，他的儿子诸葛瞻临难守节，为大义而死，他的孙子诸葛京应当根据才能任用为官吏。”又下诏说：“蜀将傅佥父子，为他们的君主尽忠而死。天下的善德是同一的，怎能因为彼此对立而不同看待呢？傅佥的儿子傅著、傅募被没入官府做杂役，应当赦免他们为平民。”晋武帝能录用敌国名臣后代、褒奖敌国忠臣，虽然可能是为了激励朝臣，但也足以说明他的胸怀宽广。

另一件事是能容纳臣子犯颜直言。比如《资治通鉴 · 晋纪三》载，太康三年（公元 282 年），晋武帝问司隶校尉刘毅："朕可比汉朝的哪位帝王？"刘毅回答说："汉桓帝、汉灵帝。"晋武帝说："朕何至于这种地步？"刘毅回答说："汉桓帝、汉灵帝将卖官得来的钱入官库，陛下将卖官得来的钱入私门，以此来说，还不如汉桓帝、汉灵帝。"晋武帝大笑说："在汉桓帝、汉灵帝之世，听不到这样的话，如今朕有正直的臣子，应当胜过汉桓帝、汉灵帝。"这里面，虽然刘毅直接讽刺晋武帝，然而晋武帝并不以为罪，反而夸奖刘毅，也足以见晋武帝的风度。

宽容是一种美德。古人常说"宰相肚里能撑船"，宰相都需要器宇度量宽宏，何况是帝王呢？《左传 · 宣公十五年》中讲："国君含垢，天之道也。"意思是，君主包容一些不好的东西，这是上天的规律。所以，对于王者来说，宇量弘厚、容纳直言正是一种强大的气场。

唐宪宗：杀伐决断，刚明坚毅

唐宪宗是唐代最有作为的“三宗”（唐太宗、唐玄宗、唐宪宗）之一。他在位期间开创了“元和中兴”，平定了藩镇叛乱，改变了安史之乱以来藩镇割据的局面，实现了国家统一，促进了社会稳定与经济发展，受到了史家的高度肯定。其中，唐宪宗杀伐决断、刚明坚毅的性格特质起了重要作用。

司马光在《资治通鉴》中记载了唐宪宗杀伐决断、刚明坚毅的一些事迹。

一是贬黜王伾、王叔文等人。《资治通鉴·唐纪五十二》载，永贞元年（公元 805 年），因王伾、王叔文在唐顺宗时奸邪乱政，唐宪宗刚即位，就贬王伾为开州司马，王叔文为渝州司户。不久王伾病死于贬所，第二年唐宪宗又赐王叔文死。紧接着唐宪宗又贬王叔文一党的神策行军司马韩泰为抚州刺史，司封郎中韩晔为池州刺史，礼部员外郎柳宗元为邵州刺史，屯田员外郎刘禹锡为连州刺史。没有多久，朝廷大臣议论认为，王叔文一党中有人由员外郎出任刺史，贬责太轻。于是，唐宪宗再贬韩泰为虔州司马，韩晔为饶州司马，柳宗元为永州司马，刘禹锡为朗州司马；又贬河中少尹陈谏为台州司马，和州刺史凌准为连州司马，岳州刺史程异为郴州司马。这就是“二王八司马”事件，体现了唐宪宗杀伐决断。

二是推倒圣德碑。《资治通鉴·唐纪五十三》载，元和四年（公元 809 年），左神策军中尉、宦官吐突承璀兼任功德使的职务，奏请树立圣德碑，并请求唐宪宗敕令翰林学士撰写碑文，而且说：“臣已准备一万缗钱，以此酬劳撰文的学士。”唐宪宗命令李绛撰写碑文，李绛进言说：“尧、舜、禹、汤不曾立碑自称圣德，只有秦始皇巡游所过之处刻石碑称述宣扬自己，不清楚陛下效法何人？”唐宪宗看奏章时，恰好吐突承璀在旁，唐宪宗便命令他推倒碑楼。吐突承璀说：“碑楼很大，无法拖倒，请慢慢将它毁除吧！”吐突承璀希望得以招揽适当的人，借机再说此事，因此想拖延。唐宪宗厉声说：“多用牛来拖倒碑楼！”吐突承璀才不敢说话，共计用一百头牛拖碑楼，碑楼才倒塌下来。这也是因为唐宪宗的刚明坚毅，所以宦官吐突承璀才畏惧他。

三是坚决用裴度讨伐淮西。《资治通鉴 · 唐纪五十五》载，元和十年（公元 815 年），当时朝廷派李光颜讨伐淮西节度使吴元济，李光颜在临颍、南顿打败淮西兵马。吴元济派遣使者向恒州、郓州请求援救，两州的节度使王承宗、李师道屡次上表请求赦免吴元济，唐宪宗不肯听从。李师道还派大将率领两千人奔赴寿春，声称帮助官军讨伐吴元济，实际是帮助吴元济。李师道平时豢养着刺客奸人数十人，以丰厚的资财供给他们。这时宰相李吉甫已去世，唐宪宗将兵事全部委托给武元衡。李师道的刺客便上京城刺杀武元衡，并且在靖安坊东门刺杀成功；刺客又入通化坊刺杀裴度，伤其头部，将其推入沟中，幸好裴度的毡帽结实，得以不死。京城的人们都非常惊骇。于是，唐宪宗诏命宰相外出时，加派金吾骑士带兵器护卫。刺客留言说：“不要急着追捕我，否则我先杀你。”因此，捉拿刺客的人不敢操之过急，兵部侍郎许孟容进言说：“自古以来没有发生过宰相横尸路边而刺客不能抓获的情况，这是朝廷的耻辱。”他还哭泣着到中书省说：“请上奏起用裴中丞（裴度）为宰相，全力抓获刺客贼党。”唐宪宗下令搜查捉拿，并重赏一万缗钱，赐五品官位，敢于庇护藏匿的全族诛杀。

后来，裴度疮口严重，卧病二十天，唐宪宗诏命让卫兵入值宿他的府第，前去问候的中使连绵不绝。有人请求罢免裴度的官职，以使恒州王承宗、郓州李师道安心，唐宪宗大怒说：“如果罢免裴度的官职，是奸谋得逞，朝廷不再有纲纪，我用裴度一人，足够可以破灭二贼。”没多久，裴度病愈，唐宪宗便任命他为中书侍郎、同平章事（宰相），并且将兵事全部委托给裴度。后来裴度果然成功平定了淮西叛乱。

在中国历史上，有很多因为不够杀伐决断、刚明坚毅而难成功业的例子。比如司马光在《资治通鉴 · 汉纪二十》批评汉元帝“优游不断”（性格迟疑没有决断）。正是因为缺乏刚明果断，汉元帝对害死自己老师的奸佞之臣弘恭、石显不敢去除，大政被他们所专，导致汉室衰弱。又如司马光在《稽古录 · 卷十五》中批评唐文宗“优游不断，受制家臣，虽有好贤之心，文雅之美，皆不足称也”。就是说，唐文宗优柔寡断，受制于宦官，虽有喜欢贤能之心，好文学之美，都不值得称道。

一般来说，优柔寡断往往发生在性格比较仁弱、迟疑的人身上。仁弱的人，凡事不忍心，所以未免下不了手；而迟疑的人，谋划时思前想后，考虑再三，最后却没有实施。《管子 · 小匡》中特别提到优柔寡断是君主的致命弱点。所以，作为君王，决不能像汉元帝、唐文宗等人那样优柔寡断，不仅自己活得压抑，还会贻害国家；而应当效法唐宪宗杀伐决断、刚明坚毅，才能建功立业、成就大事。

二 情绪管理心法

“七情：喜怒哀惧爱恶欲。六欲：生死耳目口鼻。”情绪发生时，容易体现在面部和身体的反应上。做好情绪管理极不容易，所以有人说：“产生情绪是本能，控制好情绪才是本事！”拿破仑说：“能控制好自己情绪的人，比能拿下一座城池的将军更伟大。”从中国历史文化看，做好情绪管理可以参考三个词。

一是“戒急用忍”。这是康熙帝训导儿子雍正帝的四个字。即不管面对什么事情，千万不可暴躁易怒，如果沉不住气，就会带来祸事。

二是“镇定自若”。在情况紧急、危急时，从容冷静，即“每临大事有静气”。司马光在《资治通鉴·晋纪二十六》中讲东晋谢安担任宰相时，前秦军队屡次入侵，谢安每次都能镇定使朝廷和静，后来在淝水之战中大败前秦。

三是“喜怒不形”。无论是遇到喜事还是怒事，无论是遇到喜欢的人还是讨厌的人，都能心如止水，不表现在脸上，不让人看出来。

能做到这三个方面，要有相当的修炼。然而，成大事者非得需要有这样的修炼不可。

光武帝：坚忍如常，将以有为

光武帝即刘秀。《资治通鉴 · 汉纪三十一》载，更始元年（公元 23 年），新市、平林的将领们认为刘縯、刘秀兄弟威名越来越大（此时刘秀已取得昆阳大捷），暗中劝更始帝刘玄除掉他们。刘秀对哥哥刘縯说："看情况，更始帝想对我们不善。"刘縯笑着说："常常是这样啊！"不久，更始帝召集各位将领，取刘縯的宝剑观看，绣衣御史申徒建随后又献玉暗示更始帝杀害刘縯，更始帝不敢发动。刘縯的舅舅樊宏对刘縯说："申徒建莫非有范增的意图吗？（范增曾叫项庄舞剑，意在杀刘邦）"刘縯没有回答。李轶起初与刘縯、刘秀兄弟友善，后来转而谄媚侍奉新贵，刘秀告诫哥哥刘縯说："此人不可再信任了！"但刘縯不听。

刘縯的部将刘稷勇冠三军，听说更始帝刘玄即位，大怒说："原本起兵图谋大事的人，是刘縯兄弟。如今更始怎么能这样呢？"更始帝任命刘稷为抗威将军，刘稷不肯拜谢。更始帝于是与诸位将领部署数千兵士，逮捕刘稷，准备诛杀他，刘縯坚决反对。李轶、朱鲔便劝更始帝一并逮捕刘縯。当天两人就被杀害。更始帝任命族兄光禄勋刘赐为大司徒。刘秀听到这个消息，从父城骑马赶回到宛城谢罪。司徒所属官员迎接刘秀，并表示哀悼，刘秀不和他们交谈一句私话，只是深深将过错归结于自己而已，不曾夸耀昆阳大捷的功劳，不敢为刘縯服丧，饮食言笑还一如平常。更始帝因此惭愧，任命刘秀为破虏大将军、封武信侯。

刘秀之所以后来能当帝王，这与他的坚忍如常是分不开的。此时的刘秀虽然有大功，然而实力还不够，所以自己的兄长被杀，自己也只能将心痛藏在心里，表面上只能引以为过，而且还要表现得和平常一样，他忍受了极大苦痛。因为他只要表现出愤怒，就可能会白白地让自己送命。

没有多久，更始帝想派一名亲近的大将去巡行河北，大司徒刘赐说："我们刘家的子弟中，独有刘秀可用。"朱鲔等人认为不可，更始帝也狐疑。刘赐深深规劝更始帝，更始帝于是任命刘秀代理大司马，持节北渡黄河，镇抚慰问各州郡。从此刘秀摆脱了更始帝的控制，开始独立经营、争霸天下，最终统一天下。

有"小尧舜"之称的金世宗对光武帝坚忍如常评价很高。《金史·世宗本纪》载，大定二十八年（公元1188年）十一月十九日，金世宗对宰相大臣说："朕近来读《汉书》，见汉光武帝所为，人们难能做到。更始帝害死其兄刘缜，正当乱离之际，他不思图报冤仇，侍奉更始帝像平常一样，人们不见他有悲戚的面容，这岂不是人们所难做到的吗？这是他将大有作为的体现，其他庸主怎能比得上呢？"

孔子说："小不忍则乱大谋。"（《论语·卫灵公》）北宋大文学家苏轼《留侯论》中讲："古之所谓豪杰之士者，必有过人之节。人情有所不能忍者，匹夫见辱，拔剑而起，挺身而斗，此不足为勇也。天下有大勇者，卒然临之而不惊，无故加之而不怒。此其所挟持者甚大，而其志甚远也。"这是讲真正的大勇者，是不容易动怒的。观刘秀取得昆阳大捷后却深自责备，不敢为被杀的兄长刘缜服丧，坚忍如常，这真正是苏轼《留侯论》中所说的"豪杰之士""大勇者"。

汉昭烈帝：喜怒不形，王者气质

汉昭烈帝刘备给人的印象是贤德仁义、平易近人，实际上他在情绪管理上非常厉害，就是喜怒不形于色。

《资治通鉴·汉纪五十二》载，当初，涿郡人刘备，是西汉中山靖王的后代，少时就是孤儿，家境贫困，与母亲以贩草鞋为生计。刘备身高七尺五寸，双手下垂时能够过膝盖，转头能看到自己的耳朵（表明耳朵很大）。刘备“有大志，少语言，喜怒不形于色”，即有大的志向，话很少，喜怒不形于色。

《三国志·蜀书·先主传》是怎么讲刘备的呢？这里面讲：“先主不甚乐读书，喜狗马、音乐、美衣服。身长七尺五寸，垂手下膝，顾自见其耳。少语言，善下人，喜怒不形于色。好交结豪侠，年少争附之。”这里面讲了刘备不太喜欢读书，而是喜欢狗马游畋、音乐、漂亮衣服。还讲了刘备善待地位卑下的人，喜欢结交豪侠之类的人，年轻的人都争相归附他。

两相对照可知，《三国志·蜀书·先主传》中的“先主不甚乐读书，喜狗马、音乐、美衣服”，以及“善下人”“好交结豪侠，年少争附之”，在《资治通鉴》中没有体现。而《资治通鉴》中加了一句“有大志”（这是源于《三国志·蜀书·先主传》中曾提到先主少时，与宗族中的众小孩一起玩耍时说“我长大了一定会乘坐皇帝才能坐的羽葆盖车”）。因为司马光认为作为君主不太喜欢读书，喜欢狗马游畋、音乐、漂亮衣服，那不是好君主。所以这是司马光有意安排。

为什么呢？司马光认为作为一个英雄、君主，应有的性格特质中最重要的是三条：一是“有大志”，就是要有胸怀天下、济世济民的大志；二是“少语言”，就是话很少，不露声色，神态安静；三是“喜怒不形于色”，就是要深沉，不要轻易表达自己的情绪。

而且第三条“喜怒不形于色”，在司马光看来也是刘备成为帝王极为重要的性格特质，否则他就会删去。

在《资治通鉴》中，除了刘备外，司马光还记载了其他喜怒不形于色的帝王，比如唐武宗。唐武宗起初名叫李瀍，后改名李炎。《资治通鉴·唐纪六十二》载，李瀍“沉毅有断，喜愠不形于色”，就是说李瀍深沉刚毅，处理事情很果断，喜怒不形于色。

实际上，“喜怒不形”作为帝王情绪管理的重要特点，在晋朝皇甫谧《帝王世纪》一书中就有记载。这里面讲到，周武王灭亡商朝时，商容和殷商百姓观看周朝军队进入商都朝歌时，看见毕公来到，殷商百姓便说：“这真是我们的新君主啊！”商容说：“不可能！看他的颜色面貌，十分威严但又面上呈现急躁，所以君子遇到大事都呈现诚恐之色。”殷商百姓看到太公姜尚到来，都说：“这大概是我们的新君主了！”商容说：“这也不是！看见他的颜色相貌，他像虎一样威武雄壮，像鹰一样果敢勇武。这样的人率军对敌自然使军队勇气倍增，但这人不可能是我们的新君主。”当看到周公旦来到时，殷商百姓又说：“这应该是我们的新君主了！”商容说：“也不是，看他的容颜气色，脸上充满着欢欣喜悦之气，他的志向是除去贼人，这不是天子，大概是周朝的相国，所以圣人为民首领应该有智慧。”最后，周武王出现了，殷商百姓说：“这肯定是我们的新君主了！”商容说：“这一位正是我们的新君主，他作为圣德之人，为海内百姓讨伐昏乱不道的恶君，但是见恶不露怒色，见善不现喜气，颜貌气色十分平和，所以知道他是我们的新君主。”

为什么帝王需要喜怒不形于色呢？司马光在《资治通鉴·汉纪十四》以“臣光曰”评论汉武帝将怀十四个月生下皇子刘弗陵的钩戈夫人的宫门称“尧

母门”之事说：“为人君者，动静举措不可不慎，发于中必形于外，天下无不知之。”意思说，作为君主的，动静举措不可以不慎重，内心想的事必然会在外面显露出来，天下的人无不知道。司马光还说，当此之时，皇后（卫子夫）、太子（刘据）都安然无事，汉武帝却命令将钩弋宫门称为尧母门，在名分上是不对的。因此，奸人（江充）揣摩汉武帝之意，知道他特别宠爱小儿子，想立小儿子为继承人，于是有危害皇后、太子之心，最终酿成“巫蛊之祸”，可悲啊！

所以，作为帝王，不但要注意一言一行，而且还要喜怒不形于色。因为帝王的一举一动，一喜一怒，都会被人所注意，哪怕是一个小的眼色、小的脸色，都会被人所察觉。所以，王者最重要的情绪管理就是喜怒不形于色。

魏明帝：镇定自若，临敌不惧

魏明帝曹叡是魏文帝曹丕的儿子。司马光在《资治通鉴 · 魏纪六》中评价说，魏明帝深沉、刚毅、聪明、灵敏，随心而行，能择别官吏的事功和能力，杜绝浮华虚伪。每当发兵出征、行军打仗之时，他议论决断大事，谋臣将相都很佩服他的雄才大略。魏明帝记忆力强，即使是左右小臣，只要宫中簿册中记载了他们的秉性行为、事迹履历，及家中父兄子弟情况，一经耳目，就终身不会遗忘。

司马光还引用史学家孙盛的评论说："听长辈们说，魏明帝相貌清秀出众，站立时头发垂地，有些口吃、话不多，而性格深沉、刚毅、有决断。起初，各位大臣受遗诏辅政，魏明帝都将他们派到地方任职，朝政都由自己处理。他能优待礼敬大臣，心胸开阔能包容，能以正直为善，即使大臣犯颜极谏，他也不会折辱诛杀，他的君主度量是如此之大。然而他不考虑建立恩德，使风范流传，不巩固曹氏宗室的基础，致使身后大权旁落，社稷无人保护，可悲啊！"

总体而言，魏明帝是一位有才略的君主，他在位时能驾驭群臣，司马懿不敢造次。实际上，他在情绪管理上，也很出色。司马光在《资治通鉴》中记载了他镇定从容而击退诸葛亮的事迹。

《资治通鉴 · 魏纪三》载，太和二年（公元 228 年），蜀国丞相诸葛亮将要攻打魏国，与下属谋划行动。丞相司马魏延献计自请率精兵五千，直接从褒中出发，沿着秦岭向东，到子午道后向北突入长安。但诸葛亮认为这是一条危险的计策而没有采纳。

诸葛亮于是扬言从斜谷道出发，派遣镇东将军赵云、扬武将军邓芝作为疑兵，据守箕谷。魏明帝派遣曹真督率关右各军驻扎。诸葛亮亲自率领大军攻打祁山，军戎整齐，号令明肃。开始，魏国认为汉昭烈帝刘备既然去世，数年没有动静，因此放松防备，当突然听说诸葛亮率军攻打魏国，“朝野恐惧”，并且天水、南安、安定都背叛魏国而响应诸葛亮，“关中响震”。朝臣不知采取什么退敌之策，魏明帝却镇定地说：“诸葛亮本来依据山险固守（指蜀国以山道为屏障，易守难攻），如今却亲自前来，放弃固守的优势，正合乎兵书上所讲的招敌前来之策，我们一定能打败诸葛亮。”于是指挥五万步兵和骑兵，派遣右将军张郃督军，向西抵抗诸葛亮。魏明帝也从首都洛阳抵达长安。

诸葛亮不用旧将魏延、吴懿等为先锋，而是用马谡督率各军在前，与张郃战于街亭。马谡违背诸葛亮的调度，最终被张郃击败，蜀兵离散。诸葛亮进攻魏国没有据点，于是迁移了西县一千多家百姓返回汉中。这个时候，赵云、邓芝也兵败于箕谷。曹真讨伐安定等三郡，全部平定。这年的四月，魏明帝见取得胜利后便返回洛阳。

后人曾用“周瑜赤壁之举，笑谈而成；谢安淝水之师，指挥若定”，歌咏周瑜、谢安的从容。其实，魏明帝何尝不是如此呢？拿破仑曾说：“伟大的统帅应该每日自问数次，如果面前或左右出现敌人应该怎么办？他若不知所措，就是不称职的。统帅最重要的品质就是冷静的头脑。”作为王者，很需要这种冷静的头脑，遇到强敌时能镇定自若。

北周武帝：深沉远识，剪除权奸

北周武帝宇文邕，也称北周高祖，可谓南北朝时一代雄主，若不是去世得早，他很可能统一天下。

北周武帝在情绪管理上绝对是上上佳，他之深沉远识除掉权奸，令人不得不佩服。司马光在《资治通鉴》中详细记述了这个过程。

《资治通鉴·梁纪二十二》载，西魏太师宇文泰娶北魏孝武帝元修的妹妹冯翊公主，生儿子略阳公宇文觉；又娶姚夫人，生儿子宁都公宇文毓。宇文毓在宇文泰诸子中年龄最长，但宇文泰立宇文觉为世子。

太平元年（公元556年），宇文泰病重，临终嘱托侄子宇文护说："我的几个儿子都还幼小，如今外面的敌寇很强大，天下的事委托你了，应当努力以成就我的志向。"这一年十二月，宇文护因为宇文觉年龄幼小，想让他早点即位以安定人心，于是逼迫西魏恭帝元廓禅让给宇文觉。

《资治通鉴·陈纪一》载，永定元年（公元557年）正月，宇文觉即天王位（北周孝闵帝），任命宇文护为大司马。不久，宇文觉又封晋公宇文护为大冢宰。西魏恭帝也被杀害（为宇文护所杀）。这一年九月，北周孝闵帝性格刚强果决，对晋公宇文护的专权很厌恶，而此时司会李植、军司马孙恒与宫伯乙弗凤、贺拔提等人在北周孝闵帝面前诉说宇文护威权日盛，大小政事也都取决于他，将不守臣节。北周孝闵帝于是与他们共同谋划除掉宇文护。但被宇文护知道，派遣贺兰祥进宫逼北周孝闵帝退位，将其幽禁。同时召集公卿商议，将北周孝闵帝废为略阳公，迎立岐州刺史、宁都公宇文毓为皇帝。

此后过了一个多月，宇文护杀害了略阳公。宁都公宇文毓从岐州抵达长安即位（即北周明帝），大赦天下。

永定二年（公元558年），北周任命晋公宇文护为太师，不久又任命太师宇文护担任雍州牧。

永定三年（公元559年）正月，北周太师宇文护上表归政，北周明帝开始亲理万机，而军旅之事，宇文护仍然总揽把持。这一年闰四月，北周任命侯莫陈崇为大司徒，达奚武为大宗伯，武阳公豆卢宁为大司寇，柱国辅城公宇文邕为大司空。九月，北周明帝封弟弟辅城公宇文邕为鲁公，安成公宇文宪为齐公。

《资治通鉴·陈纪二》载，天嘉元年（公元560年）四月，北周明帝英明聪敏而有见识度量，晋公宇文护忌惮他，指使膳部中大夫李安在糖中放毒。北周明帝食用之后感觉明显。很快，病情恶化，于是他口授遗诏五百多字，而且说："朕的儿子年幼，不能堪任治国。鲁公，是朕的弟弟，宽仁大度，天下都知道，能振兴我周家的，必定是他。"

鲁公宇文邕从小就有大器，气质不凡，因此特别为北周明帝所亲爱，朝廷大事，多与他商议。鲁公"性深沉，有远识，非因顾问，终不辄言"，意思是，鲁公性格深沉，有远见，不因北周明帝询问，终究不说话。所以北周明帝每次感叹说："夫人不言，言必有中。"就是说，鲁公要么不说话，一说话必定有合理的见解。鲁公即位，便是北周武帝。

继位的北周武帝深沉而有远识，最终除掉了宇文护。且看北周武帝是如何做到的。

一是巩固宇文护权力，加封宇文护亲族。《资治通鉴·陈纪二》载，天嘉二年（公元561年）正月，北周武帝任命天官大冢宰宇文护为都督中外诸军事，命令地官、春官、夏官、秋官、冬官五府隶属于天官府，事无巨细，均由宇文护决断后奏闻皇帝。

这一年七月，北周武帝追封皇伯父宇文颢（宇文护父亲）为邵国公，以晋公宇文护之子宇文会为其后嗣；封宇文颢弟弟宇文连为杞国公，以章武公宇文导之子宇文亮为其后嗣；封宇文连弟弟宇文洛生为莒国公，以宇文护之子宇文至为其后嗣。

二是斥责侯莫陈崇，不称其名以迷惑宇文护。《资治通鉴·陈纪三》载，天嘉四年（公元563年），北周梁躁公侯莫陈崇跟随北周武帝到原州。北周武帝当夜返回长安，众人私下很奇怪，侯莫陈崇告诉身边亲近的人说："我近来听术士说，晋公宇文护今年不利，皇帝车驾今晚赶回，不过是晋公宇文护死了。"有人将此事告发。北周武帝召集各位公卿于大德殿，当面斥责侯莫陈崇，侯莫陈崇惶恐谢罪。当晚，大冢宰宇文护派遣使者率兵到侯莫陈崇府第，逼他自杀。

这一年，北周武帝还下诏说："大冢宰晋国公，是我的亲兄长，职位是元辅，今后凡是诏令和各司文书，不得称其名。"宇文护上表推让。

三是尊崇宇文护母亲，慰劳出征无功的宇文护。《资治通鉴·陈纪三》载，天嘉五年（公元564年），北齐武成帝把在北齐的宇文护母亲阎氏送回长安。阎氏回到北周，举朝称庆，北周武帝为此在国内大赦。凡所资奉阎氏的，美好丰盛至极。每逢四季节日，北周武帝率领所有亲戚行家人之礼，为阎氏举杯祝寿。晋公宇文护迎来母亲，不想进攻北齐，又担心违背和突厥的约定而发生边患，不得已而征召军队二十万人出征。这一年十月，北周武帝在朝廷授予宇文护斧钺，赋予生杀之权。晋公宇文护本无将略，加上这次出征不是他本心，因此无功而返，和各位将领一起向北周武帝请罪，北周武帝反而对他们加以慰劳。

四是让遭母丧的宇文护夺情，继续主持政事。《资治通鉴·陈纪四》载，光大元年（公元567年）十二月，宇文护母亲去世，北周武帝下诏让宇文护不必守丧，仍然就职主持政事。

五是谋除宇文护，借劝太后戒酒将其诛杀。《资治通鉴·陈纪五》载，太建四年（公元572年），北周武帝的同母兄弟、卫公宇文直，与宇文护亲昵，因在沌口兵败，被免官职，由此怨恨宇文护，劝北周武帝杀死他，希望得到宇文护的位置。北周武帝便秘密和卫公宇文直、右宫伯中大夫宇文神举、内史下大夫太原人王轨、右侍上士宇文孝伯谋划诛杀宇文护。北周武帝每次在宫中见宇文护，常行家人礼，太后赐宇文护座，北周武帝站在一旁侍奉。

这一年三月，宇文护从同州返回长安，北周武帝在文安殿召见，趁机引宇文护到含仁殿拜见太后，并对他说："太后年龄大了，喜欢饮酒，我虽然屡次进谏，都没有得到采纳。兄长今天入朝，愿您劝劝她。"于是从怀中拿出《尚书 · 酒诰》给宇文护，并说："用这个来劝谏太后。"宇文护进入含仁殿后，按照北周武帝所说对太后诵读《尚书 · 酒诰》，还没读完，北周武帝用玉笏从后面攻击他，宇文护跌倒在地。北周武帝命令宦官何泉用御刀砍杀，何泉惶恐害怕，虽砍斫却没能伤到宇文护。卫公宇文直躲在门内，一跃而出，将宇文护斩杀。当时宇文神举等都在殿外，没有其他人知道。北周武帝召见宫伯长孙览等人，告诉他们已将宇文护诛杀，并命令将宇文护的弟弟、儿子及亲信等人全部杀死。

从公元 560 年即位至公元 572 年最终诛杀宇文护，北周武帝成功地迷惑了宇文护，打消了宇文护的怀疑，"人不测其浅深"（别人不知道他的真实想法）。

《道德经》第八章讲"心善渊"，意思是心地要像深渊之水那样沉潜、静默，人莫知深浅。明代吕坤《呻吟语 · 性命》说："深沉厚重是第一等资质，磊落豪雄是第二等资质，聪明才辩是第三等资质。"这都讲的是深沉极其重要。唯有深沉，才能以静制动、以深制浅，才能无为而无不为。所以，在情绪管理上当牢记"内蕴神明、外当玄默"此八字。

唐宣宗：韬光养晦，成就帝业

韬光养晦这个成语最早就是讲唐宣宗的，这不仅是一种生存的智慧，也是一种很重要的情绪管理。

唐宣宗李忱，原名李怡，是唐宪宗之子。《资治通鉴·唐纪六十四》载，起初，唐宪宗纳李锜的妾郑氏，生光王李怡。李怡年幼时，后宫中的人都认为他不聪慧。唐文宗太和年间以后，李怡更加注意自己韬光养晦，在群居游乐时，都不曾说话。唐文宗到十六宅为诸王设宴集会时，喜欢引逗李怡说话以作为戏耍玩笑。唐武宗性格豪迈，对光王李怡尤其不够有礼。唐武宗病危，十多天不能说话，诸位宦官在宫中密谋定策，以唐武宗名义下诏称："皇子年幼，应当选贤德之人继位，光王李怡可立为皇太叔，更名李忱，军国政事由他暂时处置。"皇太叔见百官时，面带悲哀难过，裁决各种政务，都合于情理，"人始知有隐德焉"。

据宋代学者陈岩肖（别号"西郊野叟"）《庚溪诗话·卷上》载，唐宣宗未当皇帝之前，唐武宗对他很是猜忌，于是他遁迹山林为僧。有一次与黄檗禅师（一说，据考证为香严闲禅师）同行，观看瀑布。黄檗禅师说他咏瀑布得到一联诗，但下联接不上了。唐宣宗说愿意续成。黄檗禅师说："千岩万壑不辞劳，远看方知出处高。"唐宣宗续道："溪涧岂能留得住，终归大海作波涛。"这前后共四句合成了一首气势磅礴、富于激情的千古名诗。其后唐宣宗竟然当上了皇帝，他的志向可见于此诗。

而这位韬光养晦的唐宣宗也确实是晚唐不错的皇帝。司马光在《资治通鉴·唐纪六十五》中评价说："宣宗性明察沉断，用法无私，从谏如流，重惜官赏，恭谨节俭，惠爱民物，故大中之政，讫于唐亡，人思咏之，谓之小太宗。"意思是，唐宣宗明察、深沉、果断，用法公平无私，从谏如流，不轻易将官位赏人，恭谨节俭，爱护百姓的财物，因此大中年间的政治清明，直到唐朝灭亡，都有人思念歌咏，称唐宣宗为"小太宗"（太宗即唐太宗李世民）。

《资治通鉴·唐纪七十一》还载，唐僖宗中和三年（公元883年），韩秀升、屈行从起兵谋反，后来高仁厚平叛，将韩秀升、屈行从抓获，高仁厚责问他们："为何要反叛？"韩秀升回答说："自从大中皇帝（即唐宣宗）晏驾后，天下再无公道，维系唐王朝的纲纪没有了。当今谋反的人，岂止是我韩秀升？"他的这个回答正表明了唐宣宗是百姓思咏怀念的皇帝。

孔子曾称赞宁武子："其知可及也，其愚不可及也。"（《论语·公冶长》）意思是，他的聪明别人可以达得到，他的装傻别人就比不上。唐宣宗李忱就是如此啊！人的一生不可能都很顺利，有时还得经历沮丧、失落、挫折或人生至暗时刻，即使帝王也如此。因此当环境不利时，韬光养晦正是最佳选择。

三　自律管理心法

人们常说“越自律的人越优秀，越优秀的人越自律”。事实上，只有自律，才能使自我强大。甚至可以说，自律的程度决定人生的高度。

那么，如何做到自律管理或者说自律管理的心法是什么呢？有三个方面很重要。

一是克制欲望。就是做到“断舍离”，克制自己的“嗜好”。南宋理学家朱熹曾感叹：“世路无如人欲险，几人到此误平生。”能经受住欲望和诱惑考验才是真正的自律。

二是经常反省。《易经》中讲“君子以反身修德”；孔子说“见贤思齐焉，见不贤而内省也”（《论语·里仁》）；曾子说“吾日三省吾身”（《论语·学而》），这些讲的都是要反省自己。

三是罪己改过。所谓罪己，就是有过错从自己身上找原因。但有过错懂得罪己还不够，还要有实际行动改过，就像《尚书·仲虺之诰》中称赞商汤“改过不吝”（改正过错毫不吝惜）那样。

自律是人生中最好的修行，是通向成功的必经之路。

汉文帝：躬行节俭，史称仁君

汉文帝刘恒是汉高祖的第四个儿子，以仁孝闻名天下，“二十四孝”就讲过汉文帝在母亲薄太后生病之时，衣不解带，亲尝汤药。汉文帝即位后，开创了中国帝制时代的第一个盛世“文景之治”。汉文帝注重躬俭爱民，被后世誉为“仁君”（太史公司马迁在《史记·孝文本纪》评价汉文帝“岂不仁哉！”《汉书·文帝纪》也称赞汉文帝“仁哉”）。历史学家钱穆教授在《政学私言》一节“政治家与政治风度”中讲：“汉文帝最号贤君，其私行恭俭，良可嘉善。……然西汉二百四十年深仁厚泽，皆由文帝浚其源，我们若用另一标准论之，则文帝洵国史上第一好皇帝。”

司马光在《资治通鉴》中记载了汉文帝在躬行节俭方面的一些事迹。

一是在衣食住行等方面节俭。《资治通鉴·汉纪七》载，汉文帝在位期间年，宫殿、皇家园林、车骑仪仗、服饰等，都没有增加。有对百姓不便的禁令，就予以废除以利百姓。他曾想修建一个露台，召来工匠计算，造价需要一百斤（合现在25千克）黄金。汉文帝说：“一百斤黄金，相当于中等人家十户的财产，我居住着先帝的宫室，经常惧怕使它蒙羞，何必要修建露台呢！”汉文帝自己身穿黑色的粗布衣服，令他宠爱的慎夫人所穿的衣服不得拖地、所用的帷帐不得绣花，以显示朴素，为天下人表率。

二是在修筑自己的陵园上节俭。汉文帝从爱护百姓的角度出发，爱惜民力，力求节俭。《资治通鉴·汉纪七》载，汉文帝修建自己的陵园（即霸陵），都使用陶制瓦器，不准用金、银、铜、锡装饰，因山起陵，不另选坟。

事实上，这是极其明智的选择。因为帝王死后陪葬的大量金银珠宝，会使他们死后不得安宁，自古帝王陵墓鲜有不被盗者。

三是在遗诏中明确葬礼节俭。《资治通鉴·汉纪七》载，汉文帝后元七年（公元前157年）六月，汉文帝在未央宫去世，临终前留有遗诏。这个遗诏开头便说："朕听说天下万物生长，没有不死亡的。死亡是天地间的常理，万物的自然现象，不必过分悲哀！"接着他在遗诏中说："当今的世人都嘉生恶死，大量财物用于安葬以致倾家荡产，长期服丧以致伤害身体，这些做法我是不赞成的。"这说明他反对当时社会的厚葬风气。

他在遗诏中还明确了几件事，比如，不要因为他的逝世，而让百姓服丧很长时间，避免扰民，只要求哭丧三天，然后全部脱掉丧服；不要禁止娶妻嫁女、祭祀鬼神和饮酒食肉。又如，不要发动男女民众到宫殿里哭丧；宫中应当哭丧的人，在每天的早晨和晚上各哭十五声，尽礼之后就停止。再如，后宫夫人以下至少使，都遣散回家。这几件事都体现了他的人性化光彩。汉文帝确实是了不起！

司马光在《资治通鉴》中还记载了一些非常节俭的帝王。

比如宋武帝。司马光在《资治通鉴·宋纪一》中评价说，宋武帝"清简寡欲"，自律严整而有法度，被子、衣服及所居住之处，都非常俭朴。游览宴会很少，后宫嫔妃也极少。宋武帝曾经得到后秦高祖姚兴的侄女，对她非常宠爱，差点因此荒废政事。谢晦稍加劝谏，他就立即将姚妃遣送出宫。宋武帝的财产都放在国库，宫内没有私藏。岭南地区曾经进贡一筒细布，一端有八丈高，宋武帝厌恶它精致华丽且耗费人力，就交付有关部门弹劾岭南太守，将细布还给当地，并禁止岭南制造这种细布。公主出嫁，嫁妆非常简单，没有锦绣衣物、金玉珠宝。宫内宫外都严格遵奉禁令，没有谁敢奢靡。

又如陈武帝。司马光在《资治通鉴·陈纪一》中评价说，陈武帝性格节俭朴素，平常所吃的不过几个品种，私人宴会用瓦器、蚌盘，酒菜能充数就行了。后宫的妃子没有金翠的装饰，他也不设女乐。

再如南唐烈祖。南唐烈祖即南唐开国君主李昪，与徐温的养子徐知诰是同一人。《资治通鉴·后晋纪三》载，南唐主李昪性格节俭，他所穿服饰粗糙简单，常常穿着蒲鞋（用草编织的鞋子），用铁盆洗漱，夏天暑热时睡在用青葛做的帷帐中，左右使唤的只有又老又丑的宫人。

节俭确实与一个家庭、一个国家的盛衰有极大关系。如果一个社会以节俭为耻，以奢侈为荣，那么用不了多久社会风气就会堕落。尤其是执政者躬行节俭十分重要。执政者躬行节俭，则百姓的日子相对会好过些。执政者如果奢侈，整个社会必然上行下效，就会使社会风气浮华，导致民生凋敝，一旦发生危机，又会向百姓征收重税，就会让百姓产生怨恨背叛之心，危险和大乱就会到来。法国著名的启蒙思想家孟德斯鸠在《罗马盛衰原因论》指出，罗马帝国的扩张带来了巨大的财富，不仅国家聚集了大量的财富，而且社会上的个人也有很多的财富，正是因为这些财富引起了空前的奢华和浪费，不仅上层社会穷奢极欲、挥霍无度，而且整个社会都沾染了这一习气，纵情于享受安逸，变得堕落。堕落是最容易滋生罪恶的，最后罗马帝国很快衰亡。

唐朝诗人李商隐《咏史》中说："历览前贤国与家，成由勤俭败由奢。"这是非常有道理的。它揭示了一个历史规律，即"节俭兴，奢侈亡"。

汉武帝：罪己改过，挽救危局

在中国历史上，汉武帝与秦始皇并称。除了功业都很大之外，两人的喜好也差不多，比如两人都喜好征伐、喜好巡游、喜好建宫室、喜好神仙方术，简直太像了，所以后世称为“秦皇汉武”真是不错的。但是一个传至二世即灭亡了，一个还延续了很长时间。这到底是什么原因呢？司马光在《资治通鉴》中讲明了其中的道理，尤其是汉武帝晚年能罪己改过，是避免秦亡之覆辙的重要原因。

《资治通鉴·汉纪十四》载，征和四年（公元前 89 年）三月，汉武帝到钜定县亲自耕田。在回京城长安的途中，到泰山修建神坛，并在明堂举行祭祀的仪式，又在石闾山祭祀，其后接见群臣时说：“朕即位以来，干了很多狂悖之事，使天下人愁苦，以至后悔莫及。从今以后，凡是伤害百姓、浪费天下财力的事，一律废止！”

这是中国历史上帝王首次用“狂悖”形容自己，是中国历史上反省最为深刻的“罪己”。这也是汉武帝性格中最光辉的地方。

汉武帝“罪己”不是空讲的，而是付诸行动的。紧接着汉武帝做了几件重要的事，这几件事是他“改过”的具体行动。

一是罢斥遣散方士。《资治通鉴·汉纪十四》载，征和四年（公元前 89 年），田千秋说：“很多方士都在谈论神仙的事，而没有明显的成效，臣请将这些方士罢斥遣散。”汉武帝说：“大鸿胪说得对。”于是全部罢斥遣散等候神人的方士。此后，汉武帝每对群臣自叹说：“我从前愚蠢迷惑，被方士所欺骗。天下怎么会有仙人呢？全是妖妄！节制饮食、服用药物，不过可以少些病罢了。”

二是发布“轮台悔过诏”。这个诏书，又被后世学者称为“轮台罪己诏”。这个诏书是回应桑弘羊等人建议轮台屯田而专门制定的，加上这个诏书体现了汉武帝对已往的所作所为深表悔恨，因此此诏书被称为“轮台悔过诏”。

《资治通鉴 · 汉纪十四》载，征和四年（公元前89年），搜粟都尉（汉武帝设置的军职，即汉初的治粟都尉，主要负责征集军粮，相当于军队的后勤部长）桑弘羊与丞相、御史大夫上奏说：“轮台东部有能够灌溉的农田五千顷以上，可派兵士前去屯田，设置校尉三人分别掌管，多种五谷粮食，由张掖、酒泉派遣骑兵警戒，同时招募百姓中壮健而敢迁徙的人到屯田的地方，多加开垦灌溉田亩，修筑各亭，连城向西延伸，用以威慑西域各国，辅助乌孙国。”

于是汉武帝下诏，深深陈述对过去的悔恨，颁布“轮台悔过诏”。这个“轮台悔过诏”主要内容有五点：不许轮台屯垦；不同意招募囚犯护送匈奴使者返回；严禁对百姓苛刻暴虐，停止擅自增加赋税；发展农业生产；蓄养战马补足以前的缺额，不致缺乏武备。

三是封田千秋为富民侯，任命赵过为搜粟都尉。汉武帝颁布“轮台悔过诏”后，封赏任命了两个官员，以体现他富民、务本举措的诚意。《资治通鉴 · 汉纪十四》载，征和四年（公元前89年）六月，汉武帝任命大鸿胪田千秋为丞相、封富民侯，以表示他要使百姓休养生息，希望能增加财富，以养百姓。任命赵过为搜粟都尉。赵过精通代田之法，在耕耘技术和农具制造方面都有便利的方法，赵过将这些技巧教给百姓，使百姓用力少而收获多，百姓都感到很便利。

以上的“罪己改过”，标志着汉武帝将重心转移到关心百姓疾苦、减轻百姓负担、重视农业生产上来，这是一个根本性转变。这个转变使得汉朝不步秦朝的后尘，对汉朝基业的延续有极大的作用。

《资治通鉴·汉纪十四》记载了司马光本人评论汉武帝的一段话（“臣光曰”）。这段话是司马光对汉武帝一生功过的客观评价。

关于汉武帝之过，司马光讲了六个方面：穷奢极欲；繁刑重敛（繁刑就是刑罚繁重，重敛就是横征暴敛）；内侈宫室；外事四夷；信惑神怪；巡游无度。这六个方面导致的后果就是百姓疲劳而穷困，被迫揭竿而起成为盗贼。

司马光说，汉武帝上述之过，与秦始皇没有什么不同，但为什么秦朝灭亡而汉朝会兴盛呢？因为汉武帝还有很多功，主要有：汉武帝尊先王之道，知所统守，受忠直之言；恶人欺蔽，好贤不倦，诛赏严明；晚而改过，顾托得人。

所以，司马光评论说：“此其所以有亡秦之失而免亡秦之祸乎。”意思是，这就是汉武帝虽然有造成像秦朝灭亡那样的过失，却避免了像秦朝灭亡那样的灾祸。

在这八项之功中，最关键的是汉武帝晚而改过。为什么这样说呢？因为，汉武帝末年，天下已濒于祸乱的边缘，汉室江山已命悬一线。如果汉武帝没有罪己改过，对以往的政策进行大调整，那么汉朝的历史一定会改写。

《左传·庄公十一年》中讲：“禹汤罪己，其兴也勃焉；桀纣罪人，其亡也忽焉。”汉武帝晚年罪己改过，是以天下百姓为首位，放下帝王的尊严，也不害怕否定过去的功业，并且采取实际措施进行改正，所以挽救了当时危险的局势，避免了秦亡之覆辙，且后继者还出现了中兴的局面！

从古今中外历史来看，人类最为宝贵的经验就是承认“人是不完美的”“人会犯错误”，即使是政治上的领袖人物，也同样难以避免犯错误。关键是要有“罪己改过”之举，才能不断修正错误，迈向新的征程。因此，作为王者，在遇到关系国家危亡的重大事件时，要像汉武帝那样有“罪己改过”之举，及时施行善政，这样才能得天下民心，才能避免危亡，从而走向兴盛，才会达到“其兴也勃焉”。

吐谷浑国王视连：不沾酒猎，持续七年

《资治通鉴·晋纪二十五》载，咸安元年（公元371年），吐谷浑国王辟奚好学，为人仁厚但缺乏威断。他的三个弟弟专权放恣，国人以之为祸患。长史钟恶地拘捕辟奚的三个弟弟，将他们杀掉了。辟奚因此发病而恍惚不清，他对世子视连说："我祸及亲弟弟，怎能与他们相见于地下？国事大小任你去治理。"不久，辟奚因忧郁而去世。

辟奚的儿子视连继位为国王，他"不饮酒游畋者七年"，军国之事，委托给将佐。钟恶地劝谏说："作为君主，应当自己娱乐，树立权威，传布恩德。"视连流泪说："孤王自先世以来，都以仁孝忠恕传承。先王念及友爱没有贯彻始终，悲愤而亡。孤王虽继承王业，不过是尸位素餐而已，如果声色游娱，岂能心安？至于威势和恩德的建立，就交给将来吧。"

司马光在《资治通鉴·晋纪二十五》中介绍了这个少数民族的国王，能做到不饮酒、不游猎持续达七年，确实不简单。

大禹曾经论及亡国的嗜欲爱好，有六件事，其中有两件事便是与饮酒、游猎有关。

比如好酒的，像《尚书·胤征》讲，羲和放弃他的职守，在他的私邑嗜酒悖乱。胤侯接受王命，去征伐羲和。胤侯告诫军众说："羲和颠倒他的行为，沉醉在酒中，背离职位，扰乱日月星辰的运行秩序，放弃他所负责掌管之事。"《尚书·酒诰》中讲，商纣王好酒，以为有命在天，不明白臣民的痛苦，最后招来了罪罚。

又如好打猎的，像《尚书 · 五子之歌》讲，太康处在君主之位，不理政事，尸位素餐，因为喜好安乐而失君德，百姓都怀二心。特别是他盘游无度，在洛水边上打猎，百天都不返回。结果有穷氏的后羿趁机阻拦他，不让他回国。所以太康失国，主要是因为“禽荒”（好猎）。

众所周知，酒是人类生活中的一种重要饮料。但是饮酒的危害至少有五个方面。一是酒可损身。如唐代大诗人李白因醉酒而死，非常可惜！二是酒可误事。饮酒很容易误事，也容易使记忆力衰退。三是酒可惹祸。像《汉书 · 灌夫列传》记载的灌夫就是多次因喝酒而与丞相田蚡交恶，后来田蚡便弹劾灌夫横行霸道，灌夫因而被诛杀。四是酒可乱性。五是酒可昏德。像《史记 · 殷本纪》讲商纣天资聪颖，有口才，并不是一个资质平庸的帝王，但是他“好酒淫乐，嬖於妇人”，使自己失德，最后被周武王所灭。

所以，作为君王，更要懂得对酒敬而远之，这是非常重要的自律管理。

唐太宗："三镜"自修，功德兼隆

在中国历史上，既能文又能武，既能统一天下又能平治天下，既能取得当时成功又能名垂后世的帝王中，唐太宗具盛名。和秦始皇、汉武帝等相比，唐太宗比他们多了道德（指修身爱民）；和史家称道的"仁君"汉文帝、宋仁宗、明孝宗等相比，唐太宗比他们多了功业。可以说，唐太宗是道德功业兼隆，二者俱全。欧阳修在《新唐书·太宗本纪》中评论唐太宗说："自古功德兼隆，由汉以来未之有也。"司马光在他的另一部史书《稽古录》中称赞："太宗文武之才，高出千古。"唐太宗之所以成为伟大的帝王，其中很重要的原因就是他以"三镜"自修。唐太宗还说，他常保此"三镜"，用来防止自己犯过失（《贞观政要·任贤》）。司马光在《资治通鉴》中记载了他的"三镜论"。

《资治通鉴·唐纪十二》载，贞观十七年（公元643年），郑文贞公（封郑国公，谥号"文贞"）魏征得了重病，卧床不起，唐太宗派遣使者问讯，并赐给他药饵，往来不绝；又派遣中郎将李安俨值宿魏征的府第，有什么动静及时奏报。唐太宗又和太子一同到其府第看望魏征，并想要让他女儿衡山公主嫁给魏征的儿子魏叔玉为妻。没几天，魏征去世，唐太宗命令朝廷九品以上的文武百官都去奔丧，让手持羽葆的仪仗队送行和吹鼓手奏乐，赐魏征陪葬在昭陵。魏征的妻子裴氏说："魏征平生节俭朴素，如今用一品官的礼仪安葬，并不是死者的意愿。"因此，裴氏全都推辞不接受，用布罩上车子载着棺材安葬。唐太宗登上宫苑西楼，望着魏征灵车痛哭，极其悲哀。唐太宗还亲自撰写碑文，并为之书写墓碑。

魏征去世后，唐太宗思念不已，对身边的大臣说："以铜为镜，可以正衣冠；以古为镜，可以见兴替；以人为镜，可以知得失。魏征没，朕亡一镜矣！"意思是，用铜做镜子，可以对照自己，保持形象，避免衣冠不整；用历史做镜子，可以以古鉴今，吸取教训，避免重蹈覆辙；用人做镜子，可以经常反省，检讨得失，避免自知不明。现在魏征去世了，朕失去了一面镜子矣！

这就是唐太宗的"三镜论"。《资治通鉴》所载的与我们今天常常引用的"以铜为镜，可以正衣冠；以古为镜，可以知兴替；以人为镜，可以明得失"稍稍有点区别，《资治通鉴》中写的是"见兴替""知得失"。而我们今天常常引用的是出自《贞观政要·择贤》。

第一，以铜为镜，可以正衣冠。据考证，最早的镜，名叫监。监是用瓦制成的，装水之后可以当镜子用。铜镜真正铸造大概在秦朝。自秦朝以后，不再用水做镜子了。隋唐时期是铜镜的繁荣时期，特别是铸造铜镜时加大了锡的含量，铜镜在质地上显得银亮，既美观又实用。

在唐代朝廷中，铜镜是一种高贵的礼物。铜镜的作用是什么呢？就是正衣冠。衣指衣服，冠指帽子。在中国古代，正衣冠是以礼治国的体现。通常来说，正衣冠，就是将帽子戴正，衣服要穿得体。而且古代的王公、官吏及百姓所着衣冠都各有一定的规定，不敢相互穿错。所以，古代的人在正式场合必定按规定戴冠和穿衣，这也即正衣冠。所以，唐太宗说："以铜为镜，可以正衣冠。"

第二，以古为镜，可以知兴替。以古为镜，就是以历史为镜鉴。历史是前人的足迹，从历史中可以得到很多经验教训，学到很多治国的智慧，更重要的是可以知道历代王朝兴衰更替的原因。因此，唐太宗非常注重历史。司马光在《资治通鉴》中记载了很多唐太宗以古为镜，注重以历史为鉴的例子。

一是以古代的人物事件为镜。如《资治通鉴·唐纪八》载，贞观元年

(公元627年)，唐太宗对公卿们说：“从前大禹凿山治水，动用了很多民力，但百姓没有任何怨谤之言，这是与人同利（为了百姓自己安居乐业）的原因。秦始皇征发百姓营造宫室，而百姓怨恨叛乱，这是秦始皇损人利己（只为自己的安逸享乐）的缘故。大凡华丽珍奇，固然是人之所欲，如果放纵不止，那么国家危亡就会立即来到。朕想营造一座宫殿，材料费用都已经齐备，有鉴于秦始皇而停止。王公以下，应当体会朕的这个意思。”由于唐太宗率先垂范，自此以后二十年间，社会风俗朴素，穿衣没有华丽锦绣的，官府与百姓都很富足。

二是注重吸取隋代灭亡的教训。相对于前代，唐太宗更加注重隋代。因为他亲眼看见了隋代的灭亡过程，特别是对隋炀帝之行事提及较多。如《资治通鉴·唐纪八》载，贞观元年（公元627年），唐太宗即位没多久，因为他“神采英毅”，也就是气质长相英武刚毅，群臣进见时都会因畏惧而失措，唐太宗知道后，每次见人奏事，一定对他和蔼，希望听到规劝的谏言。他曾经对公卿说：“人想要看到自己的形貌，必定借助于明镜；君主想知道自己的过错，必定要等待忠臣的进谏。如果君主刚愎自用，臣子阿谀顺旨，君主就会失去国家，臣子难道能独自保全吗？像虞世基等人，对隋炀帝阿谀谄媚以求保全富贵，隋炀帝被杀后，虞世基等也被诛。望你们以此为戒，事有得失成败，不要不畅言！”

又如贞观二年（公元628年），唐太宗对黄门侍郎王珪说：“隋朝开皇十四年，天下大旱，隋文帝不准许赈济百姓，而是命令百姓到关东地区寻找食物。到了隋文帝末年，天下储积的粮食可供五十年食用。隋炀帝倚仗富饶，奢侈之心没有餍足，终于导致国家的灭亡。”同年，唐太宗对侍臣说：“朕观看《隋炀帝集》，见其文辞深奥博雅，也知道以尧舜为正确，以夏桀、商纣为不对，然而其行事为何与其文相反呢？”魏征回答说：“君主即使是圣哲，也应当虚心地接受别人的意见，这样智者才会奉献他的谋略，勇者才会竭尽他的勇力。隋炀帝恃才自傲，骄矜自用，所以口诵尧舜之言而身为桀纣之行，竟然不知道自己怎么就覆灭了。”唐太宗说：“前事不远，当成为我们的借鉴。”

三是探讨前代王朝兴衰成败之道。以前代的兴衰成败为镜，是治国的重要内容。唐太宗在这方面非常关注，他多次与群臣讨论。

比如《资治通鉴·唐纪九》载，贞观二年（公元628年），唐太宗问王珪：“近世以来治国更加不及古代，这是为什么呢？”王珪回答道：“汉代崇尚儒术，宰相多用通晓经术的儒士，所以风俗淳厚。近世以来重文而轻儒，又参以法律，这就是治世化民日益衰微的原因。”唐太宗认为很对。

又如《资治通鉴·唐纪十二》载，贞观十六年（公元642年），唐太宗问侍臣：“自古以来，有的是君主乱而臣下治，有的又是君主治而臣下乱，二者哪个更厉害些？”魏征回答说：“君主治则善恶赏罚得当，臣下如何能够乱！如果君主不治，放纵暴虐、刚愎自用，即使有良臣，又有何作为？”唐太宗说：“齐文宣帝得杨遵彦，难道不是君主乱而臣下治吗？”魏征回答说：“他只能救国于灭亡，还谈不上治！”

第三，以人为镜，可以明得失。唐太宗将魏征作为自己的人镜，以此知道自己哪些需要补齐短板，哪些地方需要反省。

《资治通鉴·唐纪八》载，武德九年（公元626年），唐太宗已即位，尚未改元。此时，“上厉精求治，数引魏征入卧内，访以得失；征知无不言，上皆欣然嘉纳”。也就是说，唐太宗励精图治，多次引魏征进入卧室内，询问政治得失。魏征知无不言，唐太宗均高兴地采纳。

《资治通鉴·唐纪九》提到，魏征相貌不过中人，但是很有胆略，善于挽回皇帝的错误，每每犯颜直谏。有时碰上唐太宗非常恼怒的时候，他也神色不改，唐太宗也为之收敛威仪。贞观二年（公元628年），魏征曾经告假去祭扫祖坟，回来后，对唐太宗说：“人们都说陛下想去南山，外面都已严阵以待、整装完毕，而您最终不去，为什么呢？”唐太宗笑着说：“起初确实有此心，畏惧卿嗔怪，因此中途停止了。”

据《贞观政要·任贤》所载，魏征前后共进谏200多件事，唐太宗从谏如流，采纳了不少魏征的进言，使贞观时的大政方针少有错失，对促进“贞观之治”局面的形成起了很大作用。《资治通鉴·唐纪十一》载，贞观十二年（公元638年），因为皇孙出生，唐太宗在东宫宴请五品以上官员，唐太宗说：“贞观以前，跟随朕夺取天下，以房玄龄的功劳最大。贞观以来，纠正朕的过失，以魏征的功劳最大。”都赐给他们佩刀。

其实，除了魏征之外，唐太宗还有其他的人镜。如房玄龄、杜如晦、王珪、李靖、虞世南、李勣、马周等。这七位贤臣各有特色，比如房玄龄“虔恭夙夜，尽心竭节”“闻人有善，若己有之”“不以求备取人，不以己长格物”；杜如晦“剖断如流，深为时辈所服”，与房玄龄共掌朝政，“台阁规模、典章文物”都是二人所定；王珪也像魏征那样，勇于进谏，“每推诚尽节，多所献纳”，唐太宗称如果王珪常居谏官之职，则自己必永无过失；李靖、李勣用兵都非常厉害，立下许多战功，唐太宗称即使是古代的韩信、白起、卫青、霍去病也比不上他们；虞世南“志性抗烈，每论及古先帝王为政得失，必存规讽，多所补益”，唐太宗称虞世南有五绝（一是德行，二是忠直，三是博学，四是辞藻，五是书翰），还说“吾有小善，（虞世南）必将顺而成之，吾有小失（虞世南）必犯颜而谏之”；马周“有机辩，能敷奏，深识事端”“处事平允”。

唐太宗正是从这些贤臣身上看到自己的不足，以他们为镜，经常反省自己的过失、集合他们的优长、知晓其中得失，所以能成为后世传颂的一代明君。

唐太宗以“三镜”自修，特别是以古为镜、以人为镜这两镜为后世的帝王提供了很好的范式。因为，历史是人类最好的老师，历史的最大长处在于提供可作比较的活动及其后果的范例，不仅可以用来看清现在，而且可以预测未来，所以必须以古为镜，以前代为鉴。同时，也必须以人为镜，以人为镜最重要的是“亲君子、远小人”，这也是中华传统的治国之要，作为执政者须臾不可忘记。

一般来说，人们会因为自爱而缺乏自省，批评起别人的缺点和行为，洞若观火；谈到自己则自我感觉良好，即使是有一些缺点也觉得没什么大不了。执政者的一个念头、一言一行都关系着国计民生，关系着百姓的安危和国家的治乱，所以，必须克服这个人性弱点，要像唐太宗那样经常反省自修，并将反省自修作为进德修业的“金科玉律”。

唐宪宗：克制己欲，开创中兴

一代明君唐太宗曾对侍臣说："君主的忧患，不从外面来，常常由于自身。大凡欲望多则费用大，费用大则税赋重，税赋重则百姓愁苦，百姓愁苦则国家危险，国家危险则君主丧亡。朕常常以这些思考，所以不敢放纵自己的欲望。"（《资治通鉴 · 唐纪八》）他的后代子孙唐宪宗效仿他，也非常注意克制自己的欲望，励精图治，在国家面临衰败危难、各种困难积弊之时，能力挽狂澜，改变了安史之乱以来藩镇割据的局面，实现了国家统一，使大唐又延续了一百多年，受到了史家的高度肯定。

司马光在《资治通鉴》中记载了唐宪宗以下几件事。

一是不接受进献的美女。《资治通鉴 · 唐纪五十二》载，永贞元年（公元 805 年），此时唐宪宗刚即位，尚未改元，升平公主（唐代宗的女儿，唐宪宗的岳母）进献美女五十人。唐宪宗说："太上皇（即唐顺宗李诵）都不接受进献，朕怎么敢违背呢？"于是推却进献的美女。

二是不接受各地的献瑞。《资治通鉴 · 唐纪五十二》载，永贞元年（公元 805 年），荆南进献两只毛龟，唐宪宗说："朕以之为宝的唯有贤人，嘉禾、神芝一类，都是虚美，所以《春秋》才不记载祥瑞。自今以后，凡是有吉庆祥瑞之物，只准按照程序申报有关部门，不需要上奏给朕。至于珍禽奇兽，都不准进献。"

三是不接受各地的进贡。《资治通鉴 · 唐纪五十三》载，元和三年（公元 808 年）正月，群臣向唐宪宗进献尊号，称为睿圣文武皇帝。唐宪宗大赦天下罪囚，并规定："从今以后，各地长官到朝廷不得进献贡物。"知枢密刘光琦奏请分别派遣使者携带赦书到各道去，企图占有各地赠送的财物。翰林学士裴垍、李绛奏称："朝廷使者所到一处就会烦扰一处，不如只将赦书交给驿站急速传递。"唐宪宗采纳了两人的建议。刘光琦称这是惯例，唐宪宗说："如果惯例是对的，就遵从惯例；如果惯例是不对的，为何不改呢？"

四是不去打猎游玩取乐。《资治通鉴·唐纪五十四》载，元和五年（公元 810 年），唐宪宗曾经想去禁苑中就近打猎游玩，到了蓬莱池的西面，对左右的人说："李绛必定会进谏，不如姑且到此为止吧！"虽然唐宪宗是因为害怕李绛的进谏不去打猎游玩，但也说明了唐宪宗是很能克制自己的。而且从历史上看，唐宪宗确实很少游玩取乐。

五是日常生活非常节俭。《资治通鉴·唐纪五十三》载，元和四年（公元 809 年），南方出现旱灾饥荒。唐宪宗命左司郎中郑敬等人为江、淮、两浙、荆、湖、襄、鄂等道的宣慰使，赈济抚恤灾民。将要启程时，唐宪宗告诫他们说："朕在宫中使用布帛一匹，都要登记数额，只有在救济百姓时，才不计费用。卿辈应当知道我的心意，不要效仿潘孟阳喝酒游山。"

《资治通鉴·唐纪五十四》载，元和五年（公元 810 年），李绛曾经进谏唐宪宗不要聚财，唐宪宗说："现在河南、河北的数十个州，国家政令都不能到达，河、湟地区数千里，沦陷在异族手中，朕日夜想着洗雪祖宗之耻，而财力不够丰足，因此不得不积聚啊。朕在宫中的用度极为俭薄，多藏财物有什么用呢？"

《资治通鉴·唐纪五十五》载，元和七年（公元 812 年），因魏博监军奏报拥立田兴为魏博节度使，唐宪宗任命田兴为魏博节度使，田兴感恩流涕，将士们无不鼓舞。李绛说，魏博有五十多年没有沾朝廷的德化，现在举六州之地归顺朝廷，如果不进行奖赏，便无法安慰士卒之心，请求拨发内库钱一百五十万缗进行赏赐。唐宪宗的左右宦官们认为给予的赏赐太多，李绛说："假如国家征发十五万兵马去攻取魏博六州，至少一年才能战胜敌军，这些费用何止一百五十万缗钱。”唐宪宗听后很高兴，说：“朕之所以生活俭朴，积蓄物资钱财，正是为了平定四方。不然物资钱财储存在仓库有何用呢？”

从以上可以看出，唐宪宗很注意克制自己的欲望，平时生活用度都非常节俭，但是为了救济百姓和国家大计时则不惜费用。因此他能削平乱政，扫除割据，创造了唐室中兴。

《吕氏春秋·为欲》讲：“欲不正，以治身则夭，以治国则亡。”人的欲望如果不正当，用来修身那么必然会使自己夭折，用来治理国家，国家也一定会灭亡。尤其是位高权重的执政者，处在各种各样的人包围之中，必须时刻注意。唐太宗曾在贞观十七年（公元643年）时说：“人主唯有一心，而攻之者甚众，或以勇力，或以辩口，或以谄谀，或以奸诈，或以嗜欲，辐辏攻之，各求其售，以取宠禄。人主稍懈而受其一，则危亡随之。”（《资治通鉴·唐纪十二》）。就是说作为君主，也只有一颗心，而想攻他的人太多，有的用勇力，有的用口才，有的用谄媚阿谀，有的用奸诈，有的用爱好，就像车辐集中于车毂一样，各自“货与帝王家”，以获取宠幸和官禄。君主稍微松懈而接受其中之一，那么危险衰亡就随之而来了。所以，要成为明君贤主，不可不克制自己的欲望，慎重自己的爱好。

四　能力管理心法

能力包括德能、慧能、才能等。绝大多数人不是“生而知之”，需要通过学习增进德行、获得智慧、提高才略。孔子曾指出，不好学，即使有六种好的品德也会产生“六蔽”。他说：“好仁不好学，其蔽也愚；好知不好学，其蔽也荡；好信不好学，其蔽也贼；好直不好学，其蔽也绞；好勇不好学，其蔽也乱；好刚不好学，其蔽也狂。”（《论语·阳货》）

通过学习获得能力有很多种方式，比如自己精进读书，通过学习经史、扩大见识以增强能力；又如向老师学习，通过博学多闻的老师传授讲解以增强能力；再如和众多的师友切磋学习，通过研讨交流以增强能力。当然，更重要的还有向实践学习，这就是陆游说的“纸上得来终觉浅，绝知此事要躬行”。

因此，必须通过学习，才能修好德、增智慧、励好志，才能克服自身不足，增强能力本领。

赵武灵王：设博闻师，见识多广

赵武灵王是战国时期一位非常有作为的君主，司马光在《资治通鉴》中记载了他一些事迹。比如拒绝称王。《资治通鉴·周纪二》载，周显王四十六年（公元前323年），韩国、燕国都自称为王，独赵武灵王不肯称王，他说："没有这样的实力，如何敢用这样的名分！"命令国人称自己为君。

又如推行"胡服骑射"。《资治通鉴·周纪三》载，周赧王八年（公元前307年），赵武灵王向北攻打中山国，经过房子城，到达代地，再向北到达无穷，西到黄河，登上黄华山之顶。为了夺取胡人的领地和中山国，赵武灵王与肥义谋划让百姓穿胡服，学习骑马射箭，即"胡服骑射"。《资治通鉴·周纪四》载，周赧王二十年（公元前295年），赵主父（即赵武灵王）与齐国、燕国一起灭亡了中山国。

赵武灵王使赵国迅速强大起来，其中有一个很大原因，就是他在职官制度上进行了改革，即设置"博闻师"，这是他在个人能力管理上的一个重大举措，使得他见识多广，能力素质得到了很大提高。

《资治通鉴·周纪二》载，周显王四十三年（公元前326年），赵武灵王"置博闻师三人"。就是说赵武灵王，设置"博闻师"三人。据董说《七国考·赵职官》讲："博闻师当是备顾问者。"这个博闻师是官职，但是它的称呼却是"师"，表明了它的地位很高。博闻，顾名思义是博学广闻；师，就是可堪为老师。"博闻师"可以说是帝王师的前身，它的功能相当于后来的翰林学士（包括翰林承旨、翰林侍读学士、翰林侍讲学士）。

司马光在《资治通鉴》中也记载了后世翰林制度的由来。《资治通鉴·唐纪三十三》载，唐朝初年，皇帝的诏敕都是由中书省、门下省中有文采的官员起草。唐高宗乾封年间以后，开始召集文学之士元万顷、范履冰等起草各种文告，他们常常在北门值班，时人称之为“北门学士”。唐玄宗即位后，开始设置翰林院，延揽文章之士，像僧、道，以及精通书、画、琴、棋、数、术的人也都召集进去，称他们为“翰林待诏”。

翰林受到重视则是在中晚唐之后。《资治通鉴·唐纪四十六》载，兴元元年（公元 784 年），陆贽在翰林院任翰林学士，受到唐德宗的亲近信任。在艰难之时，虽然有宰相，但无论大小之事，唐德宗必定与陆贽谋划，因此当时人们称陆贽为“内相”。

《资治通鉴·唐纪五十一》还载，贞元十二年（公元 796 年），唐德宗自从陆贽贬官后，尤其不信任宰相，自御史、刺史、县令以上官员都是亲自选用，中书省只是行文而已。唐德宗深居宫中，所信任的人是裴延龄、李齐运、户部郎中王绍、司农卿李实、翰林学士韦执谊及韦渠牟。他们都权倾宰相，他们家挤满了趋附跑官的。其中，翰林学士韦执谊以文章与唐德宗唱和，二十来岁就由右拾遗征召进了翰林院。翰林学士韦渠牟相貌神态浮躁，尤其被唐德宗所亲近。唐德宗每次与宰相执政说话不会超过三刻，而韦渠牟奏事长达六刻，与唐德宗一起的说笑声往往从外边就能听到，他推荐的人都破格得到擢升。

唐顺宗时，更是用信任的王伾、王叔文为翰林待诏、翰林学士，主持改革（即“永贞革新”）。《资治通鉴·唐纪五十二》载，永贞元年（公元 805 年）正月，唐顺宗任命殿中丞王伾担任左散骑常侍，依然像从前一样充任翰林待诏，任命苏州司功王叔文担任起居舍人、翰林学士。

唐宪宗时极为重视翰林，并设置翰林承旨负责统领翰林学士，这时候宰相如李吉甫、裴垍、李绛、崔群等都出自翰林学士。《资治通鉴·唐纪五十三》载，元和二年（公元 807 年），唐宪宗任命翰林学士李吉甫为中书侍郎、同平章事（宰相）。《资治通鉴·唐纪五十四》还载，元和五年（公元810年），唐宪宗每有军国大事，必定与各位翰林学士谋划商议。唐宪宗曾经有一个多月没有召见翰林学士，李绛等进言说："臣等饱食不言，却不进谏，为个人身家性命着想就可以了，但对陛下来说却没有什么好处。陛下询问访求国家治理之道，开通言路，采纳直言，这实在是国家的大幸，岂是我等的幸运！"唐宪宗立即就下令第二天来便殿商议军国大事、进行奏对，就像从前一样。

唐宣宗也看重翰林学士，他最喜欢的令狐绹当了十来年宰相，就是由翰林学士转任的。《资治通鉴·唐纪六十四》载，大中二年（公元848年），唐宣宗任命知制诰令狐绹为翰林学士。《资治通鉴·唐纪六十五》载，大中四年（公元850年）十月，唐宣宗任命翰林学士承旨、兵部侍郎令狐绹为同平章事（宰相）。《资治通鉴·唐纪六十五》还载"上重翰林学士"，说明唐宣宗非常看重翰林学士。

从以上可见，自中晚唐后，翰林学士成了宰相的热门人选。像宰相李泌、元稹、李绅、李德裕、令狐楚、宋申锡、白敏中等也都担任过翰林学士。宋元时，有许多名臣宰相都来源于翰林学士，比如司马光在进《资治通鉴》时署名的职务就有端明殿学士兼翰林侍读学士；欧阳修、王安石在担任参知政事之前都担任过翰林学士；元代名臣窦默、郝经、王鹗担任过元世祖忽必烈时的翰林侍讲学士、翰林侍读学士、翰林学士承旨。在明清之时，翰林学士更是宰相的来源，被称为"储相"，当时流传的说法是"非进士不入翰林""非翰林不入内阁"，也就是说如果不是进士就入不了翰林，如果不是翰林就入不了内阁。像明代的谢迁、李东阳、刘健、商辂、丘濬、马自强、殷士儋、赵贞吉、张居正等，清代的熊赐履、李光地、张英、高士奇、陈廷敬、徐乾学等，都担任过翰林学士（侍读学士或侍讲学士）。

当然，能成为翰林学士，必定是博学多闻之人。而博学多闻之人如果没有受到像老师这样的礼节尊重，他也不会尽心尽力。所以，赵武灵王设置

“博闻师”确实是高明之举，为后世的翰林制度开了先河。

世界上没有人是全知全能的，不论他的智商有多高，总会“智者千虑，必有一失”，所以要想做大事、成大功，则必须有人指点。这就需要拜博学多闻的人为老师。而且自身如果谦虚好学，所得就多；刚愎自用，所得就少。所以应当效仿赵武灵王的能力管理心法，以博学多闻的人为老师，这样自身的能力素质会很快提高，而且也避免刚愎自用。

光武帝：讲经论理，好学不倦

在中国历史上，有一位帝王非常勤勉，好学不倦，堪为后世帝王榜样。这位帝王便是光武帝刘秀。司马光在《资治通鉴》记载了光武帝讲经论理、好学不倦这一事迹，虽然着墨不多，却是给予了高度肯定。

《资治通鉴·汉纪三十六》载，光武帝刘秀每日早晨就主持朝会处理政事，直到太阳落山才罢朝。（这是何等的勤政！）回宫之后也不停歇，数次召见公卿大臣和宿卫郎将谈论经学、义理，直到深更半夜才睡。（这是何等的好学！）

皇太子刘庄（即汉明帝）见父亲光武帝如此勤奋劳苦，担心伤害了身体，便找到一个机会进谏说："陛下有夏禹、商汤的圣明，而失去黄帝、老子涵养本性的福分。愿陛下爱惜身体而养好精神，悠闲生活、从容洒脱、自求宁静。"光武帝回答说："我自己乐于这些事，不感到疲惫啊！"

在记载光武帝好学不倦事迹之后，司马光在《资治通鉴·汉纪三十六》中讲，光武帝以征伐建立东汉大业，到了天下已经安定之后，就不重用有功的武将，而进用文吏，英明谨慎地确定政治根本制度，总揽朝廷权力和治国纲要，审时度势，量力而行，措施得当，因此能恢复前代的功业，在自己有生之年就实现了太平盛世。

司马光写这一段意思很明显，说明光武帝能够建立大业（即建立东汉）、创造太平（即"建武之治"），原因不是别的，正是他非常好学，所以有帝王远略。

另外，《资治通鉴 · 汉纪三十三》通过马援之口讲到光武帝好学之事，而且马援对光武帝极为推崇。这里面说，建武五年（公元29年），光武帝刘秀派遣来歙持符节送马援回到陇右。割据一方的陇西之主隗嚣向马援询问光武帝这边的情况。马援说："我前次出使到朝廷，皇上接见我数十次，每次接见闲谈，从早晨到晚上，感觉他才智英明，勇敢而有谋略，非他人可匹敌。而且他推心置腹、非常真诚，无所隐瞒，性格豁达而注重大节，和汉高祖相同。"

马援还特别指出，光武帝"经学博览，政事文辩，前世无比"，即博览经书，政事非常有条理，前世的帝王没有能和他相比的。隗嚣说："那么你觉得他和汉高祖相比如何？"马援说："不如。汉高祖无可无不可，而当今的皇上喜欢亲自处理政事，一言一行都有节制，按照规矩，又不喜欢饮酒。"隗嚣见马援这么说，心里不太高兴，说："如你所说，皇上反而比高祖更胜一筹了！"

客观来说，评价汉高祖和光武帝这两人，汉高祖的天资极高，又有雄才大略，光武帝在这方面是有差距的。但是，汉高祖不爱好学习，处理事情缺乏精细、多有疏漏之处；而光武帝博览经学，行动符合规矩，事事精密，在这方面光武帝又强于汉高祖。

光武帝好学不倦也被后世帝王作为典范，如三国时期的孙权劝学也是举光武帝的例子。据《三国志 · 吴书 · 吕蒙传》注引"江表传"载，吴国君主孙权对大将吕蒙和蒋钦说："你们现在一同执掌大权，应该经常学习以增长见识。"吕蒙说："我在军旅之中经常苦于事务繁多，恐怕容不得我再来读书。"孙权于是说："光武帝戎马倥偬而手不释卷，曹操也自称年老后喜欢学习。你们为什么不自相勉励呢？"（曹操好学之事可见《三国志 · 魏书 · 武帝纪》裴松之注引"魏书"，这里面讲，魏武帝曹操"御军三十余年，手不舍书，昼则讲武策，夜则思经传"。也就是说，曹操治军三十多年，手不离书，白天讲武策兵法，夜晚则思虑经传之书。）

根据《后汉书》记载，光武帝早年到长安，学习《尚书》，略通大义。(见《光武帝纪》）光武帝即位后召桓荣讲说《尚书》，非常喜欢。每次朝会，就令桓荣讲经义，桓荣讲解后，光武帝都称好，并说：“得到您太晚了！”并拜桓荣为博士。光武帝还经常到太学，听博士们的辩论。(见《桓荣传》）光武帝“爱好经术，未及下车，而先访儒雅”。此前四方饱学之士多遁世逃到山林之中，光武帝即位后，他们都抱着典籍汇集京城。光武帝于是立五经博士，修建太学。(见《儒林列传》)

上面所提到的《尚书》便是真正的“帝王之学”，像《韩非子》不是真正的“帝王之学”，最多只能算是“帝王之术”而已。而光武帝通晓《尚书》大义，已经非常了不起。当然，光武帝不只是读《尚书》，还读了其他经书，所以马援称他博览经学。

众所周知，中华文化博大精深，尤其是经史中蕴含修身治国的大经大法。所以，光武帝能开创帝业，实现中兴。

《资治通鉴》还记载了一些帝王学习经史的事迹。比如《资治通鉴·汉纪三十六》载，汉明帝当太子时，曾跟从桓荣学习《尚书》。又如《资治通鉴·汉纪三十九》载，汉章帝为太子时，曾师从当时东郡太守、汝南人张酺，向他学习《尚书》。再如《资治通鉴·齐纪六》载，北魏孝文帝“好读书，手不释卷”，在车上、马鞍上，都不忘讲道，他善于写文章，多在马上口授，写成后，不改一字。自太和十年（公元486年）之后，朝廷诏令策文，都是他自己写的。以上均是贤明之君，或为守成令主，或为中兴之主，或者开创治世。可见，执政者好学是非常有益于修身治国的。

所以，想要做一位优秀的君王，就得像光武帝等贤明君主那样好学不倦，尤其是要读好书、读经史，这样才能有雄韬伟略，才能建功立业。

唐太宗：弘文开馆，切磋治道

《资治通鉴·唐纪八》载，武德九年（公元626年），刚刚即位的唐太宗，聚集经、史、子、集四部书籍二十多万卷藏于弘文殿，并于殿旁设置弘文馆。遴选虞世南、褚亮、姚思廉、欧阳询、蔡允恭、萧德言等国内精通经学之人，以原职兼任弘文馆学士，让他们轮流值宿。唐太宗在听政之暇，领他们进入宫廷内殿，讲论先哲言行，商讨政事，有时要到午夜时分才结束。又选取三品以上官员的子孙充任弘文馆学生。

弘文馆的学士中，像虞世南、褚亮、姚思廉、蔡允恭等原本就是唐太宗任秦王时的文学馆学士。

这个文学馆也是极为有名的。《资治通鉴·唐纪五》载，武德四年（公元621年），唐高祖因为秦王李世民功劳太大，前代各种官职都不足以相称，特别设置了天策上将，位置在王公之上。这年十月，唐高祖任命秦王李世民为天策上将，领司徒、陕东道大行台尚书令，增加食邑两万户，允许开天策府自行设置官属。

秦王李世民因为海内渐渐平定，于是在宫殿西侧开设文学馆，延揽四方文学之士，发布教令任命杜如晦、房玄龄、虞世南、褚亮、姚思廉、李玄道、蔡允恭、薛元敬、颜相时、苏勖、于志宁、苏世长、薛收、李守素、陆德明、孔颖达、盖文达、许敬宗等人，以本官兼文学馆学士，分三班每日轮值，供给珍美的膳食，恩礼十分优厚。秦王李世民在上朝、办公之外的闲暇时间，就会来到文学馆，与各位学士讨论文章典籍，有时半夜时分才睡觉。

秦王李世民又让库直阎立本给各位画图像，褚亮作赞语，号称“十八学士”。士大夫能够成为文学馆学士人选的，时人称为“登瀛洲”，是十分荣耀的事。

所以，弘文馆上承文学馆，但又有所不同。一是弘文馆旁边有经、史、子、集四部书籍，而文学馆没有。二是在组成人员上，文学馆有房玄龄、杜如晦等人，但弘文馆没有，此时房玄龄、杜如晦已为宰相，弘文馆增加了萧德言；弘文馆有三品以上官员的子孙充任学生，而文学馆只有十八学士。三是在功能上，文学馆主要是讨论文章典籍，而在弘文馆是讲论先哲言行、商讨政事，至少多了一项商讨政事的内容。

弘文馆在治国安邦中的作用是不可低估的：一方面，弘文馆学士博通经史，可为唐太宗治国安邦提供咨询；另一方面，弘文馆营造了读书氛围，有利于唐太宗君臣学习古代先哲言行，培养良好的道德情操。

《资治通鉴》列举了虞世南、褚亮、姚思廉、欧阳询、蔡允恭、萧德言这几个人。

虞世南，是秦王李世民的文学馆“十八学士”之一。“玄武门事变”后，太子李世民任命虞世南为中舍人，后又担任秘书少监。唐太宗与虞世南感情很深，虞世南年长唐太宗很多，相当于唐太宗的老师，虞世南去世后，唐太宗很难过，后来还将他列为凌烟阁二十四位功臣之一。

褚亮学问很高，精通文学。他的儿子褚遂良在《资治通鉴》中有很多事迹，得到唐太宗的重用，和长孙无忌一起成为托孤大臣。

姚思廉是史学家，他在唐朝时编著了《梁书》《陈书》。

欧阳询博贯经史，是著名的书法家，其先仿照王羲之，后自成一体，声名远播高丽国。

蔡允恭在贞观初年任太子洗马，不久致仕，便去世了，曾撰《后梁春秋》十卷。

萧德言精通经史、诸子，根据《全唐文 · 卷十》记载，唐太宗在写给萧德言的书信中对萧德言熟悉六经、诸子百家很是肯定，称其为“济南伏生”“关西孔子”。他曾编撰《群书理要》(《群书治要》)，唐太宗手诏说：“看到这本书，广博而简要，使朕治国理政能考察古代，临事不惑。这本书的功劳，不也很大吗？”这部书实际上就是萧德言在弘文馆编撰的，是一本集成的书，采撷晋代以前的经、史、诸子中有关治心、修身、齐家、治国、平天下之精华，共计50多万字。这部书堪称“治世宝典”，流传到日本后被日本皇室和大臣奉为圭臬，并对日本的国家治理起了重要作用。

从以上可知，弘文馆学士中，虞世南、褚亮、姚思廉、欧阳询、蔡允恭、萧德言这六人或精通经学，或精通史学，或精通文学，或博通经史，在唐太宗治国安邦中起了很大作用。

唐太宗弘文开馆很值得后世效仿。他在弘文殿聚集了经、史、子、集四部之书，让自己多读书，以开阔视野，更好地思考国家治理。他和弘文馆学士讨论前言往行，就是在很好地总结历史经验教训。他和弘文馆学士商榷政事，就是互相切磋，以便集思广益。所以，要特别注意借鉴唐太宗的学习方法，这对个人品德、智慧、才略的培养是有极大帮助的。

唐玄宗：精选儒士，入宫侍读

唐玄宗，又称为唐明皇，是唐朝在位最久的一位帝王。他在位前期开创了“开元盛世”。唐玄宗时的“开元盛世”是怎样的呢?《资治通鉴·唐纪三十》载，开元二十八年（公元740年），天下的县共有一千五百七十三个，户口数有八百四十一万二千八百七十一户，人口有四千八百一十四万三千六百零九人。当时的西京与东都每斛米的价格不到二百钱，每匹绢价格也如此。“海内富安”，而且出行的人即使远到万里也不用拿任何武器。可见，当时人口增多，粮食丰收，社会治安很好。

应当说，唐玄宗开创“开元盛世”与他前期励精图治，勤政爱民，任用贤相，虚怀纳谏等有关，而他之所以能做到这些，正与他精选儒士入宫侍读提升自身能力有莫大关系。

《资治通鉴·唐纪二十七》载，开元三年（公元715年），唐玄宗对宰相说：“朕每当读书有疑问停滞的时候，都不知道找谁请教询问；你们可以挑选儒学之士，每天让他们入宫侍读。”宰相卢怀慎推荐了太常寺卿马怀素。唐玄宗便任命马怀素为左散骑常侍，让他与右散骑常侍褚无量每人轮流入宫侍读。每次他们到阁门，唐玄宗都让人用肩膀抬着轿子将他们送进宫内；有时因为在别馆道远，就允许他们在宫中骑马。唐玄宗亲自迎送，待以师傅的礼节。因为褚无量年老体弱，唐玄宗特意让人为他定做了一副腰舆（手抬的轿），褚无量在内殿时，就让内侍们用腰舆抬着他走。

《资治通鉴·唐纪二十八》还载，开元十一年（公元723年），唐玄宗设立丽正书院，聚集文学之士。秘书监徐坚、太常博士贺知章、监察御史赵冬曦等人修书，或者为皇帝侍讲经史。

唐代李濬《松窗杂录》载："玄宗先天中再平内难，后以中外无事，锐意政理，好于观书。迨自周汉以来有所未及者，必欲尽举之。帝既勤书，海内之风翕然率化。"这里面，先天是唐玄宗即位后的第一个年号，始于公元712年八月，终于公元713年十一月。在先天二年（公元713年）七月，唐玄宗铲除了太平公主之乱。同年十二月改元"开元"。此后再也没有对手干扰了，于是唐玄宗锐意国家治理，喜欢观看书籍。没有看过的书，他必定要完全学习。由于唐玄宗勤于读书，海内因此形成读书之风，天下大化。

为什么唐玄宗要选儒士侍读呢？因为儒家的经学对于修身治国有切实的益处。《资治通鉴·唐纪六十三》载，会昌三年（公元843年），宦官仇士良以左卫上将军、内侍监的身份退休。仇士良的党羽送仇士良回到家中，仇士良教给他们固守权力和受到恩宠的秘诀，说："对于天子，不能让他有闲暇，经常应当以奢靡的生活让他玩乐其中，并使这种生活不断翻新，使他无暇顾及其他事，这样我辈才可以得志。千万不要让他读书，亲近儒生。如果他读书好学，见到前代兴亡的经验教训，必然会知忧患畏惧，就会励精图治，那么我辈就会被疏远斥责。"这个例子从反面论证了帝王应当读书好学、亲近儒生。

《尚书·说命》载，商朝宰相傅说规劝殷高宗说："大王！人应当求广闻博识，才能根据时势建立事业。要学习古训（古先圣王的谟训格言），才会获益良多；建功立业不学习古训，而能长治久安的，还没听说过。"而儒家的"四书""五经"记载了古先圣王的谟训格言，是修身治国平天下的宝藏。

唐宪宗：孜孜求道，探讨得失

唐宪宗在位期间，对当时的宰相如杜黄裳、裴垍、李绛、李藩、裴度、权德舆、崔群等很是尊重，并孜孜向他们求道，探讨国家治理得失。

为什么唐宪宗这样做呢?《资治通鉴·唐纪五十三》载，起初，唐德宗不信任宰相，天下细小政务都自己决断，因而像裴延龄之类的人得以用事当权。这时唐宪宗还是藩王（广陵王），他内心坚定地认为这是不对的。唐宪宗即位后，就选拔擢任宰相，推心置腹地委任他们。唐宪宗曾经对裴垍等人说：“凭着唐太宗、唐玄宗的英明，仍然要借助辅佐来成就国家的治世，何况像朕这样不及先朝圣君的万分之一的呢！”由此可以看出，唐宪宗不赞成唐德宗猜忌宰相的做法，认为要像唐太宗、唐玄宗那样委任宰相辅佐自己。

因此，唐宪宗经常向宰相询问治道，商议政事，探讨历史和现实问题。根据《资治通鉴》记载，主要有以下几件事。

第一件，关于藩镇问题。《资治通鉴·唐纪五十三》载，元和元年（公元806年）正月，唐宪宗与杜黄裳议论到藩镇问题时，杜黄裳说：“唐德宗自从经历忧患（即“泾原兵变”）后，一味地姑息藩镇，不敢在节度使生前免除职务，若有节度使去世，就派遣中使（宦官）考察军中人心所向才敢授职。有的中使私自接受大将的贿赂，回到朝廷时称誉其人，唐德宗就授其为节度使，没有出自朝廷之意而任用的。如果陛下一定想振兴中央的威信，维护朝廷的纲纪，应当逐渐以法度来约束藩镇，这样天下就可以得到治理了。”唐宪宗认为很对，于是开始用兵征讨藩镇，并且使朝廷的权威遍及河南、河北一带，这都是由杜黄裳启发的。

第二件，关于帝王勤政或无为得失问题。《资治通鉴·唐纪五十三》载，元和元年（公元806年），唐宪宗与宰相谈论，问：“自古以来，帝王或勤于政务，或无为而治，都有成功或失败，怎样做才可以呢？”杜黄裳回答说：“帝王对上承受天地宗庙赋予的使命，对下负有安抚百姓与四夷的重任，夙夜忧心勤劳，当然不可自图安逸。然而，君主与臣子职责是有分工的，纲纪是有程序的。如果慎重地选择天下贤才而委任他们，有功就赏，有罪就罚，公平地选拔任用，奖赏不失信用，那么谁不会尽力呢，有什么目标不能达到呢？贤明的君主在寻求人才时是辛苦的，而在任用人才后是安逸的，这就是舜帝能够无为而治的原因。至于监狱诉讼与市场买卖等烦琐细小之事，由各有关部门负责即可，君主不用亲自处理。像秦始皇、魏明帝、隋文帝都是因为亲自处理小事，被后人讥笑。他们并非不勤劳，但是他们所致力的事情不合乎道理。一般来说，最担心的是君主不能推心置腹，臣下不能竭尽忠心。如果君主怀疑臣下，臣下欺骗君主，想要求得治世，不也困难吗？”唐宪宗深以为然。

第三件，关于帝王求长生学神仙问题。《资治通鉴·唐纪五十四》载，元和五年（公元810年），唐宪宗与宰相们谈到神仙，唐宪宗问道：“果然有神仙吗？”李藩回答说：“秦始皇、汉武帝学神仙的效果，都全部记载在前代的史书之中，唐太宗服用天竺僧人的长生不老之药导致疾病，这是古今的明戒啊！陛下年富力强，正励志创造太平，应当拒绝方士之说。如果能够使道盛德充，百姓安定，国家治理，何必担心没有尧舜的年寿！”

第四件，关于为政宽猛问题。《资治通鉴·唐纪五十四》载，元和六年（公元811年），唐宪宗问宰相们：“治国应当将宽大与严厉哪个居于首位？”权德舆回答说：“秦朝因残刻而灭亡，汉朝因宽大而兴盛。唐太宗观看《明堂图》，禁止鞭打人们的脊背。因此安史之乱以来，悖乱忤逆的臣下都自取灭亡。这是由于祖宗的仁政维系着人心，人们不能忘怀。宽大与严厉谁先谁后由此可见了。”唐宪宗非常赞成权德舆的说法。

第五件，关于探讨唐德宗贞元中期政事得不到治理的原因。《资治通鉴·唐纪五十四》载，元和七年（公元812年），唐宪宗曾经问宰相们：“贞元中期之时，政事没有得到治理，是什么原因导致的？”李吉甫回答说：“唐德宗自以为按圣人的智慧行事，不相信宰相却信任他人，使得奸臣得以乘隙玩弄权柄。政事得不到治理，是这个缘故啊！”唐宪宗说：“虽然如此，但这也未必都是德宗的过错。朕幼年在德宗左右，见到每逢事情有成败之时，当时的宰相也没有再三坚持奏陈的，都贪恋俸禄，苟且偷安，今日难道都要将过错专门归给德宗一人吗？卿辈应当以此为戒，事情如果有不对的地方，应当竭力陈述不止，不要害怕朕发怒而停止啊！”

第六件，关于朋党问题。《资治通鉴·唐纪五十五》载，元和八年（公元813年），唐宪宗询问宰相们：“人们说外面朋党很盛行，这是什么原因呢？”李绛回答说：“自古以来，人君所特别厌恶的，莫过于人臣结成朋党。因此小人诬陷君子一定说他涉及朋党。为什么会这样呢？朋党说起来很可恶，寻找起来却没有痕迹。东汉末年，大凡天下贤人君子，都被宦官称为党人而遭到禁锢，东汉也因此灭亡。这都是小人想害善人之言，希望陛下深入地考察！大凡君子固然与君子相合，难道一定使君子与小人相合，然后才能够说君子不属于朋党吗？”

第七件，关于唐玄宗前治后乱问题。《资治通鉴·唐纪五十七》载，元和十四年（公元819年），唐宪宗问宰相们：“玄宗时的政治，为何前治后乱呢？”崔群回答说：“玄宗任用姚崇、宋璟、卢怀慎、苏颋、韩休、张九龄，则出现治世；但用宇文融、李林甫、杨国忠则出现乱世。因此用人得失关系重大。人们都以为天宝十四年安禄山叛乱是天下大乱的开始，臣独以为开元二十四年罢黜张九龄相位、专任李林甫，这才是天下治乱的分界。愿陛下以玄宗开元初年时的政治为效法，以玄宗天宝末年时的政治为鉴戒，这才是国家长治久安之福啊！”

《资治通鉴 · 唐纪五十四》还记载了唐宪宗“延英忘倦”的事迹。说的是，唐宪宗曾经有一次与宰相们在延英殿论治道，当时天色已晚，而且因为是夏天，酷暑炎热，唐宪宗身上出了很多汗，汗水湿透了衣服，宰相们担心唐宪宗宵衣旰食，身体疲倦，便请求退下。但唐宪宗却留住他们说：“朕在宫中接触的只是宫女、宦官，因此乐意与卿等共同谈论国家治理的要道，根本不知道疲倦。”唐宪宗此举尤其值得称赞，他如此孜孜求道，不惧暑热，非常乐意与宰相们探讨政事，这是极为难得的。所以，唐宪宗时的政治少有错失，能开创“元和中兴”。

大凡圣贤之君有个特点，就是孜孜求道，和宰相大臣一起探讨政治得失。比如舜帝时期，君臣相处融洽，常常一起探讨治国之道和大政方针；周文王和大臣一起商议国事，从早到晚都忙得没时间吃饭；唐太宗与弘文馆学士总结历史经验、探讨治国之道也常常到夜半时分。

五 聚才管理心法

人才关乎治乱兴衰。因此，无论开创大业，还是治理国家，很关键的是要集聚一大批人才。

如何集聚人才呢？主要有五个方面。

一是善于引进人才。引进人才要有高度（有胸怀境界）、广度（面向天下）、深度（长远规划）。二是善于访求人才。访求人才很关键的是“礼”（礼贤下士），如周文王访贤渭水边，得到姜太公；刘备三顾茅庐，得到诸葛亮。三是善于激励人才。人才来后，要将重点放在激励上，否则人才来了也会走，如韩信、陈平原先投奔项羽，后来改投汉高祖。必须坚决打破论资排辈、平衡照顾的旧观念，并对富有创造性、作出重大贡献的特殊人才敢于破格晋升。四是善于保护人才。由于人性的弱点，人才常遭妒忌。所以，保护人才，一定要不听谗言，并在制度上对排斥、浪费、陷害人才的定罪处刑，如齐桓公时就曾设立“蔽贤罪”，所以无论是中央还是基层都得到许多人才。五是善于留住人才。就是通常说的以待遇留人、以事业留人、以感情留人。三者之中最关键的是感情留人，如清朝学者赵翼《廿二史札记》中说：“亮第一流人，二国俱不能得，备独能得之，亦可见以诚待人之效矣。”

“人才是第一资源”，只有善于引进人才、访求人才、激励人才、保护人才、留住人才，方能形成人才的集聚效应、井喷效应，才能确保人才源源不断，这样才可成就伟大事业，才可保证国家长盛不衰。

魏文侯：礼贤下士，士多归之

礼贤下士是开基创业、治理国家首先考虑的大事。只有礼贤下士，使贤士受到优礼尊重，贤士才会集聚到来，才会发挥作用。贤士发挥作用了，才能成就大业。魏文侯礼贤下士在战国初期最具盛名，而且他在位时国富兵强，开创了魏国首霸中原、称雄中原的辉煌时代。

司马光在《资治通鉴》中讲礼贤下士是从魏文侯开始的，并记载了几件重要的事迹。

第一，拜卜子夏、田子方为师。《资治通鉴·周纪一》记载："魏文侯以卜子夏、田子方为师。"虽然司马光就只交代了这一句话，但这句话背后的内容有很多。

子夏是什么人呢？是孔子的十大弟子之一，名叫卜商，他在文学上一流。根据《史记·仲尼弟子列传》记载，孔子去世后，子夏在西河讲学，为魏文侯的老师。实际上，魏文侯在延请子夏来西河的时候，子夏年事已高，起初子夏是很犹豫的，但是魏文侯亲自拜子夏为师，对子夏异常尊重，所以子夏被魏文侯的诚意所感动，和他的弟子们在西河讲授经世致用的学科。这个子夏是中国历史上了不得的人物，他教的几个学生如李克（李悝）是法家的先驱人物，公羊高、穀梁赤分别是《春秋公羊传》《春秋穀梁传》的作者，都是中国历史上一等人才。

田子方是什么人呢？田子方是孔子的学生子贡的弟子，也就是孔子的徒孙。他在西河主要讲授纵横术与经商致富的本领。《资治通鉴·周纪一》记载了这样一件事，说的是魏文侯的儿子魏击出行，途中遇见魏文侯老师田子方，下车拜伏行礼，很是恭敬。田子方却不回礼。魏击生气地对田子方说："富贵的人能对人骄傲，还是贫贱的人能对人骄傲？"田子方说："当然是贫贱的人能对人骄傲啦，富贵的人哪里敢对人骄傲呢？国君对人骄傲则失其国，大夫对人骄傲则失其家。失国的人，没有听说有以国君对待他的；失家的人，也没有听说有以家主对待他的。贫贱的士人，如果言语不被采纳，行为不合意，就穿上鞋子告辞了，到哪里得不到贫贱呢！"魏击听了这番话后，于是谢罪。从这件事可以看出，田子方在魏国很受尊重，魏文侯的儿子对他都要恭敬行礼，而且田子方也很会说话讲道理，这就是他纵横的本领，魏文侯的儿子也不得不服。

从魏文侯以子夏、田子方为师来看，重要的不光是学习经世致用的本领，更重要的是魏文侯为后世帝王树立了礼贤下士的榜样。

第二，每过段干木住宅必定行礼。《资治通鉴·周纪一》记载，魏文侯"每过段干木之庐必式"。

段干木是什么人呢？是子夏的弟子，是当时有名的贤者。根据《史记·魏世家》记载，魏文侯师从子夏学经书，以客礼对待段干木，经过他住的乡里，没有一次不在车上敬礼的。

《吕氏春秋·期贤》也载，魏文侯经过段干木的住宅时，都手扶车轼表达敬意。他的仆人说："您为什么要致敬意啊？"魏文侯说："这不是段干木的住宅吗？段干木是个贤者呀，我怎么敢不致敬？而且我听说，段干木非常重视操守，即使拿我的君位同他相交换，他也不曾同意，我怎么敢对他傲慢无礼呢？段干木是在德行上显耀，而我只是在地位上显耀；段干木是在道义上富有，而我只是在财物上富有。"他的仆人说："既然如此，那么您为什么不让他做国相呢？"于是魏文侯就请段干木做国相，段干木不肯接受这个职位。魏文侯就给了他俸禄百万，并且时常到家里去探望他。于是国人都很高兴，互相歌颂说："我们国君喜欢公正，敬重段干木；我们国君喜欢忠诚，推崇段干木。”

第三,四方贤士多归之。司马光在《资治通鉴·周纪一》记载的“魏文侯以卜子夏、田子方为师，每过段干木之庐必式”之后交代了“四方贤士多归之”这句话。这句话表明，由于魏文侯礼贤下士，四方的贤士多来投奔他，比如翟璜、乐羊，还有子夏的学生李克等。

魏文侯任用投奔他的贤士，使国家走向强大，实现了国富兵强。各诸侯国都不能和魏国争雄。

自古以来，重用贤者，国家就安定昌盛；失掉贤者，国家就危险灭亡。那么如何让贤士为国所用呢？贤士往往不会自动上门，越不世出、越牛的贤士往往越需要尊重礼敬。可以说，礼贤下士，是集聚人才、成就大业、兴邦强国的重大举措。观魏文侯礼贤下士而国富兵强、称雄中原可知矣!

秦孝公：重赏求贤，引来大才

在中国历史上，往往逆境出人物。因为逆境会逼人想办法走出困境。秦孝公嬴渠梁就是这样一个因为逆境而逼自己奋起的人物。秦孝公奋发图强所作出的一项重大举措就是面向天下求贤，而且是非常真诚地重赏求贤，结果招来了一位奇才公孙鞅（即商鞅）。司马光在《资治通鉴》中记载了这一事迹，从中可以体会到秦孝公求贤的诚意。

《资治通鉴·周纪二》载，周显王七年（公元前362年），秦献公去世，其子秦孝公即位，年仅二十一岁。这个时候，黄河、崤山以东有六个强国，淮河、泗水之间有十来个小国，楚国、魏国与秦国接壤。魏国筑长城，从郑县沿着洛水直到上郡；楚国自汉中向南占有巴郡、黔中等地。各国都把秦国当作未开化的夷狄，非常鄙视且排斥，不准让秦国参加中原诸侯的会盟。于是，秦孝公发愤图强，广布德政，修明政治，想让秦国强大起来。

第二年，也就是周显王八年（公元前361年），秦孝公做了一件惊天动地的大事，颁布了春秋战国以来的第一个求贤令。这个求贤令讲："从前我们的国君秦穆公，在岐山、雍地之间修德用武，向东平定了晋国之乱，以黄河划定国界；向西称霸于戎狄等族，拓展土地广达千里；周天子赐他为伯侯，各诸侯国都来祝贺，为后世所开创的基业非常光大宏伟。往后的国君厉公、躁公、简公及出子四世昏乱造成不安宁，国家有内忧，无力顾及外事。魏、赵、韩三晋之国攻占了我们先君开创的河西之地，这是莫大的耻辱。献公即位时，镇定安抚边境，迁徙都城到栎阳，准备向东征讨，收复穆公时的旧地，重修穆公时的政令。我想到先君献公的未竟之志，常常痛心。现在宾客群臣中谁能献上奇计，让秦国强盛，我就封他为高官，给他封地。”

这个求贤令讲了几层意思：

第一是称赞，即称赞先祖秦穆公开创的霸业；

第二是耻辱，即秦穆公以后的四代国君昏乱，三晋之国攻占了秦国的河西之地；

第三是未竟，即秦献公想复穆公之地和政令未完成；

第四是痛心，即秦孝公自己感到痛心，想完成父亲秦献公的志向；

第五是求贤，即面向天下求贤，宾客指其他各国的人，群臣指本国的人；

第六是重赏，即无论是谁，只要能出奇计强秦的人，就给予高官和土地封赏。

秦孝公求贤令发布，公孙鞅听说后就西行来到秦国。公孙鞅是什么人呢？就是大名鼎鼎的商鞅。后来，秦孝公任用公孙鞅变法，史称“商鞅变法”，对中国历史产生了重大影响。

我们讲，“商鞅变法”之所以成为中国历史上的重要事件，其起因就在于秦孝公的求贤令。因此，我们不要忘了秦孝公这位面向天下、真诚求贤的君主。

为什么说秦孝公是真诚求贤呢？我们最要留意的是，秦孝公求贤令中的最后一句话，即宾客和群臣中，有能出奇计使秦国强大的人，我就给予他高官让他尊显，并分封土地给他。实际上，整个求贤令中最有吸引力、最能体现秦孝公诚意的就是这句话。后来，秦孝公都一一兑现，起初任命商鞅为左庶长主持变法，后又任命商鞅为大良造，这都是秦国时的高级官员，到了商鞅破魏之时，更将於、商之地十五座城邑封给商鞅，号为商君。

从秦孝公颁布的求贤令可以看出，求贤一定要有大胸襟、大气魄、大境界，面向天下求贤。南宋洪迈《容斋随笔 · 秦用他国人》讲：“七国争雄天下，都在招纳四方人才。然而六国所任用的相国，都是宗族或本国人，如齐国的田忌、田婴、田文；韩国的公仲、公叔；赵国的奉阳君、平原君；魏王甚至用太子为相。只有秦国不是这样，最初为秦国谋划大计、开创霸业的是卫国人公孙鞅（即商鞅）。其他如楼缓是赵国人，张仪、魏冉、范雎等是魏国人，蔡泽是燕国人，吕不韦是韩国人，李斯是楚国人，都委之以相国而不疑。秦之所以最终兼并天下，靠的就是上述人才之力。”这里面提到的秦国用人就延续了秦孝公这个特点。

另外，求贤还要面向民间，这也属于面向天下求贤。诸葛亮《便宜十六策·举措第七》中提到，笔直之木出在幽深的山林，正直之士出在下层的社会。主要有五个方面的原因：一是有的人品德很好，不愿做官，宁愿和普通人在一起；二是有的人才能高超卓绝，而没有被征召；三是有的人忠贤孝悌，而乡里不举荐；四是有的人隐居以求自己的志向，践行道义以实现自己的理想；五是有的人对国君忠心质朴，却遭朋党谗害。所以，君主选举贤才时，务必深入民间。

唐朝诗人窦庠《醉中赠符载》一诗中讲：“时人莫小池中水，浅处无妨有卧龙。”意思是，不要瞧不起小地方，小地方也会藏有大才。像诸葛亮就曾隐居在襄阳西北二十里的一个小地方隆中，过了多年的躬耕苦读生活，但其有经天纬地之才，就像隐藏在隆中的一条蓄势待发的龙，所以水镜先生司马徽称其为“卧龙”。若没有刘备三顾茅庐虚心求贤，恐怕也是空老了英雄豪杰。像从前尧帝举用逸人虞舜，商汤征召有莘氏伊尹，都是从民间得到贤德的人，而使天下太平。孔子曾称赞周武王“兴灭国，继绝世，举逸民，天下之民归心焉”（《论语·尧曰》）。也就是说周武王得天下民心有三个方面的原因，其中有一个方面就是举逸民，举逸民就是面向民间征召贤士。

关于君主求贤为什么需要用奖赏等礼节体现诚意，诸葛亮在《便宜十六策·举措第七》中分析得很透彻。他指出，君主悬赏以待功勋，设置官位以待贤士，不使官职旷误，广辟贤才以振兴政治，用玄纁（原意指黑色和浅红色的布帛，后指君王用作延聘贤士的礼品）来聘请隐士，这样天下人都归心……不用玄纁作聘礼，怎么能得到贤才辅臣呢？诸葛亮还说，聘求贤人，有如嫁女娶妻，没有自求出嫁的姑娘，没有自出钱财作他人之妻的道理。女子想得到财物聘礼以表现贞节，贤士想得到玄纁以显扬美名。

大凡贤才竭心尽力、献计献策，总是期望付出有所回报。如果执政者只是开展一些"建言献策"活动，并不对其进行封赏，就很难找到一流的人才。因为贤才思考出来的建议是他长期积累的心血，如果有非常大的作用，而所得封赏很小，这是对他的侮辱，往后即使有好的建议，也不会有动力进献了。因此，封赏越高，表明执政者求贤的决心越大，这样就越能吸引一流的人才。

我们从秦孝公重赏求贤可得到两条启示：一条是需要最大限度地面向天下求贤，面向民间求贤；另一条就是"重赏之下必有奇才"，必须给予人才极高的奖赏、荣誉或优厚的待遇。

燕昭王：屈身招贤，士争趣燕

在中国历史上，燕昭王屈身招贤（高筑黄金台以待贤士）极为知名。司马光在《资治通鉴》中记载了这一事迹。

《资治通鉴 · 周纪三》载，周赧王三年（公元前 312 年），燕国人共同拥立太子姬平为王，这就是燕昭王。燕昭王即位于燕国被齐国攻破之后。他亲自凭吊死者，慰问孤儿，与百姓同甘共苦，“卑身厚币以招贤者”（屈身用重金招贤纳士）。

他对郭隗说：“齐国趁我国内乱因此袭击攻破我国，我深知我国国小、力量不够，不能够报仇。但是如果能够确实得到贤士，与他们共同治理国家，以雪先王的耻辱，这是我的愿望啊！先生您看到有可以这样的人，我将亲自侍奉他！”

郭隗说：“古代有一个君主以千金派涓人求购千里马的，找到千里马时，千里马已死，涓人便用五百金购买了千里马的头。君主大怒，涓人说‘死的千里马都用重金购买，何况活的千里马！天下人知道了，活的千里马今年就会到’。果然不到一年，到了三匹千里马。现在大王一定想招致贤士，就先从我郭隗开始，何况比我更贤的，难道他们会嫌千里之远而不来吗？”

于是燕昭王为郭隗重新修建了府第，尊他为师。从这以后，“士争趣燕”（即各地的贤士争相来到燕国）：乐毅自魏国而来，剧辛自赵国而来。燕昭王以乐毅为亚卿，授给乐毅管理国政。

这便是《资治通鉴》所载的燕昭王屈身招贤的经过。另外，根据有关史料记载，燕昭王拜郭隗为师之后，还在易水东南修筑了一座高台，用以招揽天下贤士。台上放置了几千两黄金，作为敬奉贤士的礼物。这座高台便是著名的“黄金台”。当名闻天下的邹衍前来燕国时，燕昭王亲自手持扫把，在前面清洁道路。入座时，燕昭王也主动坐在弟子位置上，敬请邹衍以师长身份给自己授业。燕昭王还特意为邹衍修建了一座“碣石宫”，供其居住讲学。可见，燕昭王求贤，既有魏文侯的礼贤下士，又有秦孝公的重赏求贤。

自燕昭王尊郭隗为师、高筑黄金台之后，引来了各国的贤士。在这些贤士之中，乐毅起了最大的作用。乐毅是名将乐羊之后，听说燕昭王礼贤下士，从魏国来投奔。燕昭王对他的才学非常赏识，委以高位和国政。在燕昭王、乐毅的治理下，经过二十八年，燕国殷实富裕，士兵都乐于、敢于战斗。在攻打齐国的过程中，乐毅发挥了主要作用。

《资治通鉴·周纪四》载，周赧王三十年（公元前285年），燕昭王日夜安抚教导百姓，使燕国更加富足，于是他与乐毅商议进攻齐国。乐毅认为齐国称霸以来，至今有余力，而且土地广阔、人口众多，不能轻易地单独攻打它，要联合赵国、楚国、魏国一起攻打。燕昭王便派乐毅去与赵惠文王结盟立约，另派别人去联合楚国、魏国，又让赵国以攻打齐国的好处去诱劝秦国。诸侯们认为齐湣王骄横暴虐对各国也是个祸害，都争相谋划与燕国联合共同讨伐齐国。

周赧王三十一年（公元前284年），燕王调动全部兵力，以乐毅为上将军。秦国尉斯离率军队与韩、赵、魏联军前来会合。赵惠文王还把相国大印授给了乐毅，于是乐毅统一指挥燕、秦、魏、韩、赵五国的军队去攻打齐国。齐湣王也集中国内力量进行抵抗，双方在济水西边大战，齐国军队大败。乐毅便退回秦国、韩国军队，令魏国军队分兵进攻宋国旧地，派赵国军队去收复河间。他独自率领燕军，向北长驱直入齐国。齐国大乱，齐湣王逃亡在外。乐毅率军直入齐国的首都临淄，搬走齐国的宝物、祭器，把它们运回燕国。燕昭王亲自到济水慰劳军队，奖赏犒劳将士，并封乐毅为昌国君，让他留在齐国进攻其余未被攻克的城市。到最后，齐国只剩下莒和即墨两座城没有被攻下，几乎灭亡。

所以，燕昭王尊郭隗为师、高筑黄金台，取得了很好的效果。首先，燕国的内政很好，国家富裕，士兵敢于作战。其次，燕国的对外关系也很好，除了齐国之外，其他国家都与燕国联兵（只是后来楚国才去救了齐国），并尊奉燕国为首。最后，攻破齐国，几乎灭亡了齐国，而且乐毅所率领的燕国军队在齐国也体现了王者之师的气象。应当说，这个时期是燕国最辉煌的时期。

从燕昭王尊郭隗为师、高筑黄金台可知“得师者王”，就是得到像老师这样的贤人就能称王！实际上，开创基业和国家治理中有一条规律就是“得师者王、得友者霸、得徒者亡”（《尚书 · 仲虺之诰》《荀子 · 尧问》）。

“得师者王”是指执政者得到像老师一样指点的人可以称王，也就是说执政者本身必须谦虚受教。他与辅佐的人是师生的关系，即执政者是学生，辅佐他的人是老师。这种关系要求执政者非常谦虚且非常尊重老师；同时也要求辅佐他的人真正堪为人师，德才都是一流。比如商汤与伊尹，周文王、武王与姜尚，齐桓公与管仲，魏文侯与子夏，汉高祖与张良的关系就是如此。

“得友者霸”是指执政者得到志同道合的朋友可以称霸，也就是说执政者是以平等的地位尊重朋友的。他们之间是朋友关系。比如晋文公重耳与赵衰、先轸、魏武子都是非常好的朋友，在这几人的辅佐下，最后称霸诸侯。又如吴王阖庐得到伍子胥、孙武这样的朋友，向西打败了楚国，向北威震齐国、晋国，向南降伏了越国，也称霸诸侯。这就是“得友者霸”。

“得徒者亡”是指执政者得到一些听话的人、唯唯诺诺的人就会导致灭亡。他们之间是主仆的关系。比如商纣王，其本人很有才干，但是自以为谁都不如自己，他最喜欢奸臣费仲。费仲是个典型的“奴仆”，非常听话，又很会做坏事，他使纣王荒废朝政、纵情于酒色之中，将商容、微子、箕子等贤臣逼走或囚禁。整个朝纲紊乱、民怨沸腾，最后被周武王灭亡。这就是“得徒者亡”。

如果从中国历代王朝的兴衰中观察这个规律，或许会对执政者治理国家有所启发！

汉高祖：封赏进贤，以贤得贤

从中国历史上看，如何能得到一大批贤能的人呢？一般有三个途径：一是通过执政者自己发现（如发布求贤令、访求贤者）；二是通过他人推荐；三是通过制度化的方式选拔（如古代的征辟、察举、科举制度，现代的公务员考试制度）。其中，第二种方式是比较常用的，因为靠执政者自己发现毕竟数量较少，而制度化选拔的多是初级官吏。

实际上，举荐贤能的人往往需要眼光，需要胸怀，需要境界，并不是很容易做到的。历史上，往往开国时人才济济，这是由时势造就的，而往后就一代不如一代了，但并不是时代缺乏英才。一个很重要的原因是举荐之人大多不愿举荐比自己更贤能的人，所以造成国家越来越衰弱了。从这个角度来说，能举荐贤能的人，更为贤能，而且，通过这种方式，可以得到更多的、优秀的、一流的人才，起到集聚人才的作用，理当受上赏。司马光在《资治通鉴》中记载了汉高祖刘邦因鄂千秋能进贤而封赏的事迹。

《资治通鉴·汉纪三》载，汉高祖六年（公元前201年），因为列侯全都已分封完毕，但还没有排名，于是汉高祖刘邦下诏议定获得元功（即居于首功）的十八个人的位次。群臣们都说：“平阳侯曹参，身上有七十处创伤，攻城略地，功劳最多，应当排在第一位。”

谒者、关内侯鄂千秋向汉高祖刘邦进言说：“群臣们的议论都有误。曹参虽然攻城野战、夺取土地，这只是‘一时之功’而已。皇上与楚军相持五年，其间军士战死、部众逃亡，皇上只身轻装逃脱就有数次。然而萧何经常从关中派遣兵员支援前线，这些都不是皇上下诏召来的，而关中数万士兵来到前线，正碰到皇上缺乏士兵、濒临绝境之时，这也有数次。又如，军中没有现粮，萧何则从关中转运过来，供给军粮从不缺乏。陛下尽管数次丢掉崤山以东的领地，萧何常常保全关中地区以待陛下。这是‘万世之功’啊！现今即使没有上百个曹参这样的人，对汉室来说，没有什么缺损；汉室得到他们，不一定就能靠他们得以保全。如何能将‘一时之功’超过‘万世之功’啊！萧何应当第一，曹参第二。”

汉高祖刘邦听后表示：“说得很对啊！”

从上可知，在群臣们认为平阳侯曹参功劳应当排在第一位时，鄂千秋将上述萧何三件大功讲得很透彻，并认为是“万世之功”。在鄂千秋进言之后，汉高祖刘邦还说：“我听说‘进贤受上赏’（即举荐贤能的人要受到上等的封赏）。萧何的功劳虽高，是因为鄂千秋才更加彰显的。”于是就根据鄂千秋原来所受的封地，加封他为安平侯。

这就是刘邦所做的“进贤受上赏”之事。虽然这件事看起来并不是什么大事，但是他树立了一个导向，就是凡是能推举贤能的人、讲明贤能的人长处的人，就应当受到奖赏。

在汉高祖封赏鄂千秋之后的70多年，汉武帝将“进贤受上赏，蔽贤蒙显戮”（能推荐贤能的人应当受到上等赏赐，堵塞贤人之路的应当受到惩罚）写进了诏令。（《资治通鉴·汉纪十》）汉武帝这一举动是对人才的极为爱护，也是对“进贤受上赏”的极佳诠释。实际上，天下的贤才有很多隐没在民间，中央政府不可能知道得这么清楚，怎么办呢？只能发动郡国一起推荐。但是郡国的官员未必将这件事作为最重要的事来办，那就对不举荐的郡国官员进行严惩。这样就让郡国官员畏惧，不得不重视人才举荐。为了防止他们随便举荐，对于举荐不当的进行罢免。这样就保证郡国官员要举荐贤能的人（不光是要有举荐的态度，而且要保证被举荐的人贤能）。所以，汉武帝一朝人才济济，《汉书》中称“汉之得人，于此为盛”，这与汉武帝推行的“进贤受上赏，蔽贤蒙显戮”这个诏令是有极大关系的。

唐朝的武则天也懂得“进贤受上赏”这个道理。《资治通鉴·唐纪二十三》载，长安二年（公元702年）十二月，侍御史张循宪任河东采访使，有疑难之事不能决断，为此很是忧虑，问左右的官吏：“这里有没有可以一起议事的人才呢？”左右的官吏说前平乡尉、猗氏人张嘉贞有异才。张循宪于是召见张嘉贞，以事向他征询。张嘉贞为他逐条分析并用道理阐释，没有不清楚的。张循宪于是请张嘉贞代为上奏，所写的都是自己意料之外的。张循宪回到京城，见到武则天，武则天认为这个上奏很好，张循宪便将张嘉贞所做之事详细汇报，并且请求将自己的官职让给张嘉贞。武则天说：“朕难道就没有一个官职奖励进贤的人吗？”于是任命张嘉贞为监察御史，擢升张循宪为司勋郎中，奖赏张循宪能得人、进贤的功劳。

在中国历史上，能够真正进贤的人还有不少，比如萧何与房玄龄不仅自身贤能，而且也善于进贤。像萧何月下追韩信，并向汉高祖推荐时说其是“国士无双”；房玄龄早年追随唐太宗时，为他推荐了很多贤才，在举荐杜如晦时说其是“王佐之才”。又如魏无知与常何自身没有什么奇谋大计，但是却能够进贤，同样值得称赞。魏无知推荐了陈平，常何推荐了马周，这两人自身本领不太杰出，却因为进贤而得以名载史册。

在圣人孔子心目中，进用贤能的人比自身贤能的人更加贤能。《孔子家语·贤君》载，子贡问孔子：“当今的列国大臣中，谁是贤能的人？”孔子说：“我不知道，过去齐国有鲍叔，郑国有子皮，他们都是贤能的人。”子贡说：“齐国难道不是管仲，郑国难道不是子产吗？”孔子说：“赐啊（即端木赐，子贡的名），你只知其一，不知其二。你听说过是贤能的人力量强大，还是推荐贤能的人贤能呢？”子贡说：“推荐贤能的人贤能。”孔子说：“对，我听说鲍叔牙使管仲显达，子皮让子产显达，却没有听说管仲和子产让比自己更贤能的有才者显贵啊！”这个类似的故事，在《韩诗外传·卷七》《说苑·臣术》均有记载。

进贤的人为什么贤能呢？因为需要有忠心为国的品质、大度能容的德行、识别贤能的眼光。有些即使有进贤之举，然而大多有施恩于人的心思，有结党营私、培植势力之嫌疑；有些则不具识贤的能力，所进之人并不一定是国之贤才。所以，进贤的人才是真正的贤能。从历史实践来看，自身贤能的人有功劳很容易被看见，但是举荐贤能的人的功劳却不容易被看见。而事实上，举荐贤能的人比自身贤能的人功劳更大，从这个角度来说，能举荐贤能的人，理当受上赏，只有这样，国家才能得到更多贤才。

魏武帝：唯才是举，识拔微贱

魏武帝即曹操，是汉献帝时的主要执政者。众所周知，曹操是东汉末年数一数二的英雄人物，被称为“治世之能臣，乱世之奸雄”。他虽有“宁我负人，毋人负我”之恶行，却具有雄才大略。政治上，他“挟天子以令诸侯”，占有绝对优势；经济上，他推行屯田制和重豪强兼并之法，使北方经济逐渐恢复起来；文学上，他是“建安文学”派之一，诗歌悲壮沉郁，《短歌行》《观沧海》《龟虽寿》等均是名篇，有些名句如“老骥伏枥，志在千里；烈士暮年，壮心不已”脍炙人口。特别是在集聚天下英才方面，他很有眼光，提出了“唯才是举”。司马光在《资治通鉴》中简要地记载了这一事迹。

《资治通鉴·汉纪五十八》载，建安十五年（公元210年）春季，曹操下令说：“‘孟公绰为赵、魏老则优，不可以为滕、薛大夫。’若必廉士而后可用，则齐桓其何以霸世！……二三子其佐我明扬仄陋，唯才是举，吾得而用之！”

“孟公绰为赵、魏老则优，不可以为滕、薛大夫。”这句话是孔子所说，被曹操所引用，出自《论语·宪问》。“孟公绰”是鲁国大夫，为人清廉。“老”是古代对臣僚的尊称，现在也沿用，如“某老”。“赵、魏”是当时晋国最有权势的大夫。“优”是优裕。“滕、薛”是鲁国附近的小国。孔子说这句话的意思是，孟公绰是一个清廉的人，做赵、魏这样卿大夫的家臣才力还有余，如果让他做滕、薛二小国的大夫处理实际政务是不合适的。

这个求贤令的意思是说，孟公绰做赵、魏两家的家臣之长，是绰绰有余的，却不可为滕、薛二小国的大夫。假如必须廉洁之士才能任用，那么齐桓公怎能称霸呢？你们要辅助我推举出身低微的有才之士，只要有才就举荐（“唯才是举”），使我能够得到并任用他们。

这个求贤令提出了著名的“唯才是举”，突破了当时选人空谈道德的藩篱。因为，东汉末年士风虚矫，“清议”“清谈”等非常盛行，一部分人自视清高，刻意追求所谓的德行，在当时只重德不重才的用人制度下（事实上，当时孝廉等选拔人才的制度已被扭曲为“道德竞赛”的工具，出现了许多伪“孝廉”、伪“忠臣孝子”），选拔了一批以孝廉自居、只会空发议论的庸才。

根据《三国志·魏书·武帝纪》记载，曹操围绕“唯才是举”又颁布了两个求贤令。

一个是在建安十九年（公元214年），曹操颁布《敕有司取士毋废偏短令》：“有德之士，未必能够上进；上进之士，未必都能有德。陈平难道有德吗？苏秦难道守信吗？但陈平辅助汉朝立了很大的功劳，苏秦辅佐弱小的燕国渡过难关。由此而论，才能之士即使有缺点，难道就不能重用吗？各级要仔细考虑，弄清这一点，那么，有才能的人就不至于被遗漏，不至于不被提拔。”

另一个是在建安二十二年（公元217年），曹操颁布《举贤勿拘品行令》，列举出五种类型人物。第一类如伊挚、傅说，出身微贱但国家用之以兴；第二类如管仲，虽是齐桓公仇人，但能助齐桓公成就霸业；第三类如萧何、曹参，出身县吏；第四类如韩信、陈平，“负污辱之名，有见笑之耻”，但能最终助成王业，“声著千载”；第五类如吴起，杀妻求将，母亲去世不回，但是他被魏国任用时秦国不敢东向，被楚国任用时三晋之国不敢南谋。因此，他下令：“如今天下难道没有至德之人，以及果敢勇毅、临敌力战之人流落民间吗？还有那些看起来像文俗之吏，实则有很高才华、不同凡响的本领，可以胜任将领或太守的呢？或者虽然不仁不义而有治国用兵之术的呢？你们应当各自举荐所知道的，不要有所遗漏。”

在“唯才是举”的实践上，他确实能做到不计个人恩怨，广纳人才。如袁绍部下陈琳，在官渡之战前写了一篇声讨曹操的檄文，对曹操的人格进行了侮辱，但被俘后，曹操还任命他为司空军谋祭酒。再如宛城之战，张绣打败过曹操，杀了曹操长子曹昂、侄子曹安民和爱将典韦，但当张绣来降时，还与其结成亲家，封为扬武将军。正由于曹操唯才是举，他集聚了许多人才，文有荀彧、荀攸、郭嘉、程昱、贾诩等，武有许褚、张辽、徐晃、张郃、夏侯惇、李典等，他们皆发挥了重大作用。《三国志 · 魏书 · 武帝纪》载，曹操“拔于禁、乐进于行阵之间，取张辽、徐晃于亡虏之内，皆佐命立功，列为名将。其余拔出细微，登为牧守者，不可胜数”。

曹操的“唯才是举”，不是用人不重德，只是因为天下尚未平定又急需人才而这样做。当然，它更重要的意义是改变了由世族垄断人才的局面，改变了空谈道德而治国乏术的局面，选用了许多出身微贱的有才之人，为社会各类人才敞开了大门，并提供了施展才能的舞台。

司马光在《资治通鉴 · 魏纪一》中对他评价很高：“魏武王（魏武帝）曹操‘知人善察’，很难被假象所迷惑。他识拔奇才，不管地位多么微贱，都能根据才能加以选任使用，因此人才都能发挥所长……因此能‘芟刈群雄，几乎海内’（消灭群雄，几乎统一天下）。”

争天下者必争人才，得人才者为人王。清人赵翼《廿二史札记》讲，曹、刘、孙聚集人才各有特点：“曹操以权术相驭，刘备以性情相契，孙权以意气相投。”虽然孙权、刘备都很重视人才，都是因为得人才而成为人王，但只有曹操提出了“唯才是举”的方针，因此他得人才最多，实力也最强。作为领导者，应当像魏武帝曹操那样选拔人才，“英雄莫问出处”，才能集聚更多的天下英才。

六 用人管理心法

清代雍正皇帝说:“治天下唯以用人为本，其余皆枝叶事耳。”也就是，治理天下最重大的事，就是用人。其他的事虽然也很重要，但用人好比树木的根，是本、是源，其他的事好比树木的枝叶，是末、是流。因为做任何工作，都离不开人。用人是做任何工作的核心和关键，所以用人是根本。

从中国历史实践看，有几个方面的用人管理心法值得注意。

第一，用人之道:至公至明。司马光在《资治通鉴·魏纪五》中以“臣光曰”评论说，“为治之要，莫先于用人”“其本在于至公至明”。

第二，用人之法:任贤去邪。蜀国名相诸葛亮在《出师表》中讲，“亲贤臣，远小人”是先汉兴隆的原因，而“亲小人，远贤臣”是后汉倾颓的原因。这道出了用人必须任贤去邪。另外还要做到“任贤勿贰”“去邪勿疑”。

第三，用人之方:不求全责备、扬长避短、量才使用。道德精纯、能力精湛、做事精进、业务精通的精致人才，是少之又少的。如果求全责备，则无一人可用，所以用人时一定要扬长避短。同时，必须量才使用，让人才的德行、智慧和才能与其职位相匹配，切忌材非所用、大材小用、小材大用。

任何个人的力量都是有限的。即使是文武全才的帝王，也需要用人方能成就大事。作为王者，必须懂得上述用人之道，充分发挥各种人才的聪明才智，用好各类人才形成优势互补，才能有办大事、建功业的合力。

汉高祖：知人善任，安定天下

在知人善任方面，汉高祖是典范。司马光曾在《稽古录·卷十二》中评论西汉帝王说，汉高祖起自布衣，提三尺剑，八年而成就帝业，为什么功效这么快呢？只因为其能知人善任罢了。司马光在《资治通鉴》中记载了汉高祖知人善任的几件事。

第一，任用韩信、灌婴、曹参击败魏王豹。《资治通鉴·汉纪一》载，汉高祖二年（公元前 205 年）八月，刘邦派郦食其前往劝说魏王豹，并且召他来。魏王豹不听，说："汉王为人骄慢而侮辱人，责骂诸侯、群臣就像骂奴隶一样，我不忍再见他！"于是刘邦任命韩信为左丞相，与灌婴、曹参共同攻打魏国。

刘邦问郦食其："魏国大将是谁？"郦食其回答说："柏直。"刘邦说："这个人乳臭未干，怎么能抵挡韩信呢！"刘邦又问："魏国骑将是谁？"郦食其回答说："是冯敬。"刘邦说："他是秦国将领冯无择的儿子，虽然贤能，但不能抵挡灌婴。"刘邦又问："步兵将领是谁？"郦食其回答说："是项佗。"刘邦说："这个人不能抵挡曹参。我不用担心了！"

后来，韩信等率军攻打魏军果然胜利，俘虏了魏王豹，将他押解到荥阳；平定魏地，设置河东、上党、太原三个郡。

第二，任用三杰取天下。《资治通鉴·汉纪三》载，汉高祖五年（公元前 202 年），汉高祖刘邦在洛阳南宫举行酒会，大宴群臣。汉高祖说："各位列侯、将军，请不要隐瞒我，都来说说我能取得天下的原因是什么？项羽失掉天下的原因又是什么呀？”

高起、王陵回答说：“陛下派人攻占城池，夺取土地，谁攻占夺取了就分封给他，（无论是谁皆论功行赏），与天下同利；项羽则不是这样，对有功者反而加害，对贤能的人反而怀疑，（舍不得封官授印），这就是他失去天下的原因。”

汉高祖说：“你们只知其一，不知其二。”接着他说：“运筹帷幄之中，决胜千里之外，我不如张良；镇守国家，安抚百姓，供给粮饷，让运粮道路绵绵不绝，我不如萧何；统率百万大军，战无不胜，攻无不克，我不如韩信。这三位都是人中英杰，我能够任用他们，这就是我取得天下的原因。项羽虽然有一范增，却不能真心任用，这就是项羽所以被我擒拿的原因。”听了汉高祖的话之后，群臣都心悦诚服。

汉高祖刘邦虽然不如张良、萧何和韩信，但他的长处在于“善将将”，把“三杰”聚集起来，使他们充分发挥才能。

汉高祖的这个特点可从他与韩信的对话中看出。《资治通鉴·汉纪三》载，汉高祖六年（公元前201年），汉高祖刘邦曾与韩信议论诸位将领能带多少兵。汉高祖问道：“像我这样能带多少兵？”韩信说：“陛下不过能带十万兵。”汉高祖说：“你能带多少啊？”韩信说：“我是越多越好啊。”汉高祖笑着说：“越多越好，那么你为什么却被我所擒啊？”韩信说：“陛下不能带兵而善于带将，这就是我所以被陛下擒住的原因。何况陛下的才能，是‘天授，非人力’啊！”

实际上，要论勇猛善战，论个人的本事，汉高祖与项羽比差得很远。汉高祖之所以能战胜项羽，在于能够大胆起用贤能的人。而他之所以能大胆起用贤能的人，在于他有自知之明，知道自己不如贤能的人，尤其还能当众说出自己才能不如臣下的话，这就是汉高祖的过人之处！因而最后他能统一天下。

第三，重病之际布局安天下。《资治通鉴·汉纪四》载，汉高祖十二年

（公元前 195 年），汉高祖身染重病，吕后担心汉高祖去世后国家产生混乱，于是问汉高祖身后之事说："陛下百岁后，如果萧相国也不在世了，谁可以接替他呢？"刘邦说："曹参可以接替。"

吕后又问："曹参以后呢，还有谁可以接替为相！"汉高祖说："王陵可以，但是他的性格太直，不知变通，陈平可以做他的副手。而陈平为人虽然足智多谋，但是太过了，难以独自挑大梁。必须同时用周勃。周勃为人持重、厚道，虽然缺乏文采，但沉稳坚毅。如果国家一旦有事，能安刘氏的必然是他，可以任命他为太尉，掌管全国兵马。"

吕后又问这四人以后还有谁可以用，汉高祖说："以后就很难预料了，那时你恐怕也已经不在，无从得知了。"

事实上，后面的历史一一如汉高祖所说。萧何去世后，曹参接任相国。萧何、曹参在任时，实行休养生息的政策，国家逐步富强。曹参去世后，王陵接任，此后王陵见吕后揽权，在朝廷上为刘氏而争，然而不知变通，吕氏也不喜欢他，没多久宰相之位由陈平接任，而太尉一职则由周勃接任。后来吕后专权、诸吕作乱，平定诸吕、安定刘氏就是靠的陈平和周勃。

在汉初的宰相中，萧何德才堪称第一，是上上之选，汉高祖虽然猜疑过他，但并没有说过他什么缺点。曹参的德才虽然亚于萧何，但是他能谨守萧何制定的法度无所变更，即"萧规曹随"，也是非常称职的。而王陵、陈平、周勃等人则不是全才，各有所长，也各有所短，像王陵的正直、陈平的智谋、周勃的厚重，这是他们所长。而王陵的不知变通、陈平的过于圆滑、周勃的没有文采，这是他们所短。汉高祖就充分发挥他们的长处，规避他们的短处，并使他们长短相济，最终使汉室江山平稳过渡到一代贤君汉文帝手中。这也印证了汉高祖用人考虑很得当。

领导者很重要的本事在于知人善任。作为王者，要效仿汉高祖知人善任，善于识别人之贤愚，善于明察人之善恶，善于知晓人之长短，从而很好地进行任用，这样才能成就事业。

汉文帝：不用利口，后世称道

利口，就是口齿伶俐、口若悬河、能说会道、能言善辩的人。不用利口，并非汉文帝首创。早在周朝时周成王就是如此，《尚书·周官》记载周成王就讲过“无以利口乱厥官”。司马光在《资治通鉴》中记载了汉文帝不用利口的故事，这对执政者（领导者）用人有很深的借鉴意义。

《资治通鉴·汉纪六》载，汉文帝即位的第三年（公元前177年），张释之跟随汉文帝出行，来到禁苑中虎圈旁边，汉文帝向掌管禁苑的上林尉询问书册中登记的各种禽兽的情况，先后问了十多个问题，上林尉左右观望，回答不上来。这时看管虎圈的啬夫从旁边代上林尉回答了汉文帝的提问。文帝想考察啬夫的才能，啬夫都有问即答，且没有被汉文帝问倒。汉文帝很是欣赏，命令张释之任命啬夫为掌管禁苑的上林令。

张释之过了一会儿才上前说：“陛下认为绛侯周勃是怎样的人呢？”汉文帝回答说：“是长者。”

张释之又问：“东阳侯张相如是怎样的人呢？”汉文帝回答说：“是长者。”

张释之说：“绛侯周勃、东阳侯张相如都被称为长者，可这两个人在议论事情时都不善言谈，现在这样做，难道是让人们效法这个伶牙俐齿、善于辞令的啬夫吗？秦王朝重用舞文弄法的刀笔吏，所以官吏们争着比办事敏捷和苛察督责，这样做的流弊是徒然具有表面形式的文书，皇帝听不到过失，使国家最终土崩瓦解。现在陛下因啬夫善于辞令就越级提拔他，我担心天下人追随效仿，争相施展口舌之能而不求实际。何况处在下位的容易受到处在上位的影响，快得如影随形。陛下不可不审慎啊！”汉文帝说：“对啊！”于是取消了封啬夫为上林令的任命。

东汉时，大鸿胪韦彪还专门称赞此事。《资治通鉴 · 汉纪三十八》载，元和元年（公元 84 年），大鸿胪韦彪上书说：“天下枢要在于尚书，对于尚书的选拔，岂可不重视？然而近来尚书多从郎官中超迁升任此位，虽然他们通晓文法，擅长应对，然而苛察这样的小聪明，大多没有大的才能。应当借鉴汉文帝采纳张释之建议，不用敏捷利口的啬夫的做法，深思绛侯周勃虽然木讷不善于言辞而建立大功。”

与利口相反的是“重厚”或“质朴”。《资治通鉴》中记载的重厚少文且建立大功的历史人物有周勃、吴汉。《资治通鉴 · 汉纪四》载，汉高祖刘邦认为“周勃重厚少文”，能安刘氏。其后，平定吕氏之乱的果然是周勃。东汉名将吴汉的性格特质也和周勃一样。《资治通鉴 · 汉纪三十一》载，吴汉为人“质厚少文”（为人质朴敦厚，不善言谈），遇到紧急情况都不能以言辞表达，然而沉着而有智略，邓禹数次向刘秀推荐，刘秀逐渐亲近器重吴汉。后来吴汉屡立战功，为光武帝平定天下出力甚多。

为什么汉文帝不用利口得到后世称赞呢？这是因为善于言辞的官吏有很大的缺陷。孔子曾说过：“巧言令色，鲜矣仁。”（《论语 · 学而》）就是说，花言巧语，装出和悦的样子，这种人很少有仁心。

孔子还特别厌恶三种情形：“恶紫之夺朱也，恶郑声之乱雅乐也，恶利口之覆邦家者。”（《论语 · 阳货》）这最后一种讲的就是用伶牙俐齿而颠覆国家。在孔子看来，“刚毅木讷近仁”（《论语 · 子路》）。也就是说，木讷而不善于言辞的人是接近仁德的。像一代仁君宋仁宗曾经专门下诏罢黜善于言辞的官员。《宋史 · 仁宗本纪》载，嘉祐五年（公元 1060 年）七月，宋仁宗诏令中书、门下选任那些正直质朴实诚的人在朝中做官，罢黜那些能言善辩、虚伪的人。

《道德经》第八十一章中讲:“信言不美,美言不信。善者不辩,辩者不善。”意思是真实诚信的话并不漂亮,而甘美的话则不值得相信。真正的好人不巧言善辩,善于卖弄口才的往往不是好人。所以,孔子赞赏的是:“君子欲讷于言而敏于行。”(《论语·里仁》)作为王者,要知晓老子、孔子的告诫,效仿汉文帝不用利口,同时以魏晋时期的何晏、王衍等“清谈误国”为鉴,形成“实干兴邦”的导向。

汉明帝：用人公正，不搞裙带

汉明帝是光武帝的儿子，也是东汉的贤君。他在用人上公正无私，吏治清明，所以能开创治世，由于他的年号为“永平”，因而称为“永平之治”。司马光在《资治通鉴》中记载了其不少事迹。

第一，奖励提拔良吏。《资治通鉴·汉纪三十六》载，永平三年（公元60年），尚书仆射钟离意举荐政绩突出的全椒县县长刘平，汉明帝下诏征召刘平，任命为议郎。刘平在全椒县为县长时，政绩突出，对百姓有恩惠，有的百姓多报财产以多交赋税，有的百姓自动减少年龄以服徭役。

这年十月，汉明帝乘车跟从皇太后到章陵（光武帝陵），因为荆州刺史郭贺为官政绩优异，汉明帝赐给他三公的衣服，上面有华丽的色彩，命郭贺在巡行所属地区除去车前的帷帐，让百姓见到他的容貌和服饰，以表彰他的德行。

《资治通鉴·汉纪三十七》还载，永平七年（公元64年），汉明帝提拔东海国相宗均担任尚书令。起初，宗均担任九江郡太守，他五天处理一次政事，将郡掾、史等属官罢黜，将督邮关在府内而不让其外出巡查，所属各县平安无事，百姓安居乐业。

第二，选拔任职三年以上、政绩突出的县令以下官员。《资治通鉴·汉纪三十七》载，永平九年（公元66年）四月，汉明帝下诏命令司隶校尉、州部刺史：每年从任职三年以上、治理政绩特别优异的县令以下官员中各选拔一人上报，让此人与郡国派遣上计官员进京。对于治理政绩尤为差的，也上报朝廷。

第三，严惩贪赃枉法的权贵。《资治通鉴 · 汉纪三十六》载，永平二年（公元 59 年）十二月，护羌校尉窦林因为犯有欺罔及贪赃之罪，被下狱处死。窦林是窦融堂兄的儿子。当时，窦氏家族中出了一位公爵、两位侯爵、三位公主、四位俸禄为二千石的高级官员。从祖父到孙子，他们的官府和宅第遍布京城，他们的富贵在皇帝亲戚功臣中没有谁能比。即使是这样显贵的家族，汉明帝照样将窦林绳之以法。

第四，不给外甥郎官之职。《资治通鉴 · 汉纪三十七》载，有一次，馆陶公主曾为儿子请求郎官之职，汉明帝不允许，而是赐钱。他对群臣说："郎官上应天上星宿，派到地方是县令，可以管辖百里。如果所用非人，百姓就要遭殃，怎么能轻易任命呢？所以不敢答应。"

第五，不提拔后宫亲属。《资治通鉴 · 汉纪三十七》载，汉明帝遵守奉行光武帝时的制度，无所变更，后妃之家都不得封侯参政。尚书阎章有两个妹妹是贵人，他本人研究并且精通过去的典章，已经历久应当升职，但汉明帝因为他是后宫的亲属，竟然不擢用。

由于汉明帝用人公正，即使是近亲也无私情，因此他在位期间，"吏得其人，民乐其业，远近畏服，户口滋殖焉"。（《资治通鉴 · 汉纪三十七》）这就是关于"永平之治"的描述。意思是，官吏胜任本职，百姓安居乐业，远近四夷畏惧归服，人口繁衍增多。

司马光还在自己上奏宋哲宗的《进修心治国之要札子状》中称赞用人至公、至明的齐桓公、汉高祖、汉明帝、宋武帝、唐太宗、唐宣宗等六位君主。他说，从前齐桓公将射箭之仇放在一边，而任用管仲为相；汉高祖知人善任，如果其人不才，即使喜欢也会弃而不用；如果其人有才，即使是贩子、酒徒、逃亡的将军、戍边的士卒，也都任用，这是他能以布衣而取天下的原因。东汉时馆陶公主为儿子求为郎官，而汉明帝不允许，只是赐钱。郎官虽是低微之官，但仍然珍惜，何况那些高官呢？因此汉明帝时的"永平之治”，至今仍然被称颂。南朝宋武帝刘裕虽然孝敬其母萧太后，但萧太后想让其子刘道怜出任扬州刺史，宋武帝认为刘道怜既贪且愚没有答应，因此宋武帝的功业为南朝之首。唐太宗杀死李建成、李元吉，而用其部属魏征、王珪等，与任用房玄龄、杜如晦相同，最终取得“贞观之治”的效果。唐宣宗侍奉其母郑太后很是恭谨，询问亲舅郑光政事，郑光不能回答，于是唐宣宗罢免了他节度使的职务，因此时人称美，赞其为“小太宗”。这是用人方面的至公至明。

除汉明帝外，《资治通鉴》中还记载了汉高祖、宋武帝、唐太宗、唐宣宗等四位君主用人公正的一些事迹。

一是汉高祖。《资治通鉴 · 汉纪三》记载了汉高祖敢于承认自己不如“三杰”，并说任用这“三杰”是自己取得天下的原因。除了张良、萧何、韩信三人外，对其他人，刘邦都知人善任，无论贵贱亲疏都予以任用，如王陵是市井小民；张苍是秦朝典掌文书的御史；叔孙通是秦朝博士；曹参是沛县的狱吏；樊哙是宰狗的屠夫；夏侯婴是马车夫；周勃以编席为业，兼当吹鼓手帮人办喜丧之事；灌婴是布贩；娄敬是车夫；郦食其是穷书生；彭越、黥布是强盗。他们都在建立汉朝的过程中发挥了重要作用。可见，汉高祖用人至公，所以能开创大汉天下。

二是宋武帝。《资治通鉴 · 宋纪一》载，宋武帝刘裕侍奉继母萧太后一向恭谨，即位以后，虽然自己年事已高，但每天清晨必入后宫向萧太后请安，未曾错过时间。从这可以看出，宋武帝对萧太后可谓恭敬之至，然而在用人方面他却至公，不受萧太后影响。

《宋书 · 宗室列传》载，起先，庐陵王刘义真为扬州刺史，萧太后对宋武帝说：“刘道怜是你的布衣兄弟，应当为扬州刺史。”宋武帝说：“寄奴（宋武帝的小名）对道怜难道还会有所保留吗？扬州是国家根本所寄，事务很多，不是道怜所能做得了的。”萧太后说：“道怜年纪已五十了，难道不如你十岁的儿子吗？”宋武帝说：“义真虽然是刺史，事无大小却是寄奴在处理。

道怜年长，不亲政事，在聪明方面还有不足之处。”萧太后于是没有话说。这件事在《资治通鉴·晋纪四》也有记载。

三是唐太宗。《资治通鉴·唐纪七》载，起初，太子洗马魏征经常劝太子李建成早除秦王李世民，等李建成失败后，李世民召见他说：“你为何离间我兄弟？”众人都为他感到危险恐惧，魏征却举止自若，他回答说：“如果故太子早听从魏征所言，必定没有今日之祸。”唐太宗向来器重他的才能，改容以礼相待，任命他为詹事主簿，还征召王珪（曾任太子中允，为太子李建成所礼重）、韦挺，任命他们为谏议大夫。

《资治通鉴·唐纪八》还载，武德九年（公元626年），此时唐太宗新即位，励精图治，数次引魏征到卧室，访求政治得失，魏征知无不言，唐太宗都欣然嘉纳。

后来，魏征得到唐太宗的重用甚至超过房玄龄。王珪也得到唐太宗任用而担任宰相，与房玄龄、杜如晦、魏征等共同参与朝政。

四是唐宣宗。《资治通鉴·唐纪六十五》载，大中七年（公元853年），唐宣宗与舅舅郑光谈论为政之道，郑光应对得非常鄙俗浅陋，因此唐宣宗不太高兴，就让郑光任右羽林统军（官职名，逢大朝会时就率其仪仗保卫皇帝；皇帝大驾行幸，则在驰道两边为仗卫），使他能够奉朝请安。郑太后多次向唐宣宗说郑光很穷，唐宣宗是个孝子，侍奉郑太后非常恭谨，就厚赏郑光金帛，但始终不让他再任治民之官。唐宣宗此举可谓为百姓着想，即使是亲舅舅，没有治理百姓的水平，也坚决不让他任此类官职。

司马光还在《资治通鉴·唐纪四十二》中就唐德宗时宰相崔祐甫多用亲朋故旧一事评论说（“臣光曰”）：“我听说用人者，没有亲疏新旧的区别，只考察贤与不肖。其人未必贤能，而因为是亲朋故旧而取用，这原本不公正；如果其人贤能，而因为是亲朋故旧而舍弃，这也不公正。天下贤人，原本不是一人所能收尽的，如果必须等待平素认识、熟悉其才能品行而后选用，那么所遗弃的就多了。古代做宰相的，则不是这样，他让公众来推举，以公正来选用。众人说贤能，自己即使不知道详细情况，姑且先用他，如果没有功劳然后辞退，如果有功劳则进用他；如果推荐的人所推举的人是贤者就赏他，不得其人就罚他。进退赏罚，都是众人所公认的，自己没有丝毫私心在里面。如果以这样的心来推行，又有什么遗漏贤人、缺乏官员的弊病呢？”

执政者要做到用人公正，就要因人所长授以职位，有功则赏，有罪则罚。在实际操作中，“三同”（同乡、同学、同宗）三者与执政者（领导者）本人有地缘、业缘、血缘的关系，容易相识了解，但是从整个大局考虑，一定要从天下优秀的人才中选拔。当然，同乡、同学、同宗也不能因为回避而一概不用，确实贤能优秀的同样可用。所以，作为王者，应当效仿汉明帝用人公正，不搞裙带，不搞门生故旧，不搞“三同”，真正做到无亲疏贵贱之分。其人如果贤能，即使是仇人也一定进用；其人如果庸愚，即使是亲戚也一定摒弃。

晋武帝：不拘一格，用奇建功

所谓立贤无方，就是破格用人。在中国历史上，商汤立贤无方，受到后世称赞。像商朝的贤臣伊尹、仲虺等都出身低微。故《孟子·离娄下》讲："汤执中，立贤无方。"殷高宗、周文王也很值得称赞。殷高宗能大胆从民间选贤，得到了傅说，并任为一人之下、万人之上的宰相。周文王在渭水边得到姜太公，并立为师。这些都是不拘一格地选用贤能。司马光在《资治通鉴》中记载了晋武帝用小将马隆平定凉州的事迹，说明他敢于破格用才，因而能建立功业。

《资治通鉴·晋纪二》载，咸宁四年（公元278年）正月，司马督（晋代官职名称，六品军事职官）、东平人马隆上书说："凉州刺史杨欣丧失了与羌戎之间的和睦，必定失败。"这年的六月，杨欣与秃发树机能的党羽若罗拔能等作战于武威，失败而身死。

咸宁五年（公元279年）正月，秃发树机能攻陷凉州。晋武帝很是悔恨，在朝廷上感叹说："谁能为我征讨呢？"司马督马隆进言说："陛下能任用臣，臣能平定。"晋武帝说："如果一定能平定贼人，为何不任用你呢？想看看你的方略怎么样？"马隆说："臣愿招募勇士三千人，不问他们从哪来的，率领他们西进，那些羌戎一定能剿灭。"晋武帝答应了他，于是任命马隆为讨虏护军、武威太守。

当时，公卿们都说："我们目前的兵员已很多，不应当设赏招募勇士。马隆小将妄言乱说，不值得信任。"但晋武帝没有采纳公卿们的意见。

马隆立下标准进行考试挑选，从早晨到中午，共招募三千五百人。马隆说：“足够了。”于是他又请求亲自到武库里去选兵器，武库令愤怒地与他相争。御史中丞还弹劾马隆。马隆说：“臣应当亡命战场，以报陛下之恩，武库令却给我魏时的朽烂兵器，这不是陛下委派臣讨伐贼人的心意。”

晋武帝命令，武器库中的兵器任由马隆挑选，而且还供给他三年的军用物资，然后派遣他出征。

马隆于是西渡温水，秃发树机能等人带领几万名部众据险抵抗。马隆因为山路狭隘，于是制造了扁箱车，还制造了木屋放在车上，边作战，边前进，行走了一千多里，杀伤敌军很多人。

自从马隆向西征讨后，音讯断绝，朝廷为他担忧，有的人说他已经死了。后来马隆的使者夜里赶到，晋武帝拊掌欢笑。早朝时，晋武帝召集群臣说：“如果听从了诸卿之言，就没有凉州了。”于是下诏赐给马隆符节，加官宣威将军。

马隆到了武威，鲜卑部落首领猝跋韩、且万能等率领一万多人前来归降。这年的十二月，马隆与秃发树机能大战，斩杀了秃发树机能，凉州于是平定。

以上便是晋武帝不拘一格用马隆平定凉州的经过。

实际上，建立功业往往要用奇（破格用人）。三国时魏的大臣蒋济曾向魏文帝曹丕上奏《万机论》提过这个观点。这个《万机论》在《三国志·魏书·蒋济传》中有提及，但没有记载内容，幸得《群书治要》有记载。《群书治要·蒋子万机论·用奇》中针对封官用士应当根据累积的功劳依次晋升任用的说法，围绕“用奇”进行了阐述，所谓“用奇”，就是用奇才、杰出的人才。如果不“用奇”，就很难建立功业。

这里面还讲：“尧帝已有罢黜和提拔的方策，但还是勤勉地推举地位低微的虞舜；殷高宗有考诫之诰，但还是尽力访求隐在山岩的傅说；西伯侯（周文王）有显扬有功之人的约定，但还访求在溪水边钓鱼的吕尚；齐桓公虽然有督察考核的办法，但还是访求沦为囚俘的管仲；汉高祖刘邦有赏爵的约定，但还是急求逃走的韩信。如果认为依次铨叙是明确的法度，选择奇才是错误之事，那么尧帝、殷高宗、周文王、齐桓公、汉高祖便不是圣哲之人，而鲍叔牙（推荐管仲）、萧何（月下急追韩信）就不是忠国之吏了。”这是用奇的事例。

从晋武帝破格用小将马隆平定凉州及《万机论》所举出的事例，可以看出，不拘一格选用人才，才能成就事业。那么如何不拘一格呢？

首先，要不拘身份。就是打破身份资格的限制，不看门第，像古代的科举考试制度就体现了不拘身份，使得无论是门阀世族，还是贫寒子弟，只要有真才实学都可以通过科举考试取得做官的资格，这无疑是一种非常公平的选拔机制。孙中山先生曾说：“没有考试，就是有本领的人，我们也没有方法知道，暗中便埋没了许多人才。并且因为没有考试制度，一班不懂政治的人都想法做官，弄到弊端百出。政府是乌烟瘴气，人民更是非常的怨恨。”

其次，要不拘资历。《资治通鉴·梁纪五》载，北魏大臣崔亮任吏部尚书时选用官员就以资历年限为标准。所以，北魏选拔官员失去人才，是从崔亮开始的。清代学者和文学家龚自珍也批判以资历选用官员。他在《明良论》中讲，如果升官主要靠资历，官员就会不求有功但求无过，每当制定治国方略或议论国家大事时，资历浅的人便说：“何必资格未到就出主意，弄得不好造成丢官呢？”资历深的人也说：“好不容易熬到这个年头何必忘记积累之苦呢？”因而不论是新官、旧官，都因循守旧，怕因对政事发表议论而丢乌纱帽，这就造成官场暮气沉沉。因此，他写下《己亥杂诗》，愤而疾呼：“我劝天公重抖擞，不拘一格降人才。”

最后，要不拘年龄。一般而言，人才最佳年龄是中年之时。青少年时阅历浅、经验少；而老年时精力衰竭、思想保守。但是用人也不能拘泥于年龄，不能对过于年轻的不用，对年龄太老也放弃，这对事业也是极大的损害。比如青少年的头脑就很活跃，非常勇敢，也富有开创性。像西汉贾谊20

多岁即写下了名篇《治安策》；一代名将霍去病 18 岁时就北击匈奴，匈奴望风而逃。汉武帝多用青年人，所以能建功立业。当然老年人也有老而弥坚、老当益壮的厉害人物，如西汉赵充国 70 多岁仍请求去戍边，唐朝名将郭子仪 68 岁单骑能退回纥兵，等等。所以，选用人才也不能完全拘于年龄。

选贤用人必须有格（要有一定的标准），否则就会泥沙俱下、鱼龙混杂，但同时又要不拘一格，大胆破格，打破论资排辈的桎梏，只有这样才能发挥人才的最佳效益从而建功立业。作为王者，如果处在多事之时就不能用和平之世的办法任用人才，如果处在应该用奇的时代就应当效仿晋武帝敢于不拘一格大胆起用小将马隆这样的做法，才能使国家安定强盛。

唐太宗：用人如器，度越千古

唐太宗是自三代以来极负盛名的贤君，他在用人方面也是首屈一指的，可谓“度越千古”。司马光在《资治通鉴》中记载了唐太宗用人成功的地方。

《资治通鉴·唐纪十四》载，贞观二十一年（公元647年）五月，唐太宗亲临翠微殿，问侍臣说：“自古以来帝王虽然能够平定中原，但是不能服戎狄。朕的才能虽不如古人而成就的功业超过他们，我自己不明说其中原因，诸位各自直率地如实谈谈。”群臣都说：“陛下的功德如天地，难以用言语表达。”唐太宗说：“不是这样。朕所以能取得这样的成就，只是因为五方面的原因。”哪五方面的原因呢？唐太宗接着说：

“一是自古以来帝王大多嫉妒能力胜过自己的，朕见到别人的长处，就像自己有一样。

“二是人的德行才能，不能各种都兼备，朕常常弃其所短、取其所长。

“三是君主往往引进贤能的人，就想揽到自己怀里；摒弃不肖之辈，就想推到沟壑中。朕看见贤能的人则非常敬重，见到无能者就加以怜悯，让贤能的人与无才能的人都各得其所。

“四是君主大多厌恶正直之人，不是暗中诛杀就是公开杀戮，没有一个朝代没有过这样的事，朕即位以来，正直之士在朝中比比皆是，未曾贬黜斥责一人。

“五是自古以来帝王都以中原汉族为贵重，对夷、狄族则轻贱，朕却独爱护他们完全一致，因此各个部落都依靠朕就像依靠父母一样。”

唐太宗所说的这五点，前三点都属于用人问题，第四点也与用人有关。第五点既体现了他的胸怀天下，也体现了他宽仁公正，对各民族同等对待的品质。

所以，唐太宗的成功主要是用人的成功。著名历史学家钱穆教授的《政学私言》中《政治家与政治风度》一文称赞唐太宗时说："尤其使唐太宗高出千古，则在其当时一个花团锦簇的政府。贤相如房玄龄、杜如晦，诤臣如魏征、王珪、戴胄、马周，兼资文武如李靖、李勣，其他名将能臣，举朝不可胜数。登瀛洲十八学士，辉映史册，前后无比。"

司马光在《资治通鉴》中记载了许多唐太宗用人的具体事迹。

一是广求贤才，不求全责备。《资治通鉴 · 唐纪八》载，贞观元年（公元 627 年），唐太宗命令封德彝举荐贤才，很长时间都没有举荐。唐太宗责备他，他回答说："不是我不尽心，但确实没有奇才！"唐太宗说："君子用人如器，各取所长（由于人的才能有大有小，各不相同，所以君子用人像使用器皿一样，大的大用，小的小用，各取所长，不求全责备）。古代开创治世的君主，难道从别的时代去借贤才吗？（一代有一代的贤才）应当担心自己不能识别贤才，怎么可以诬蔑整个时代没有贤才呢？"

唐太宗还要求宰相把主要精力放在求贤上。《资治通鉴 · 唐纪九》载，贞观三年（公元 629 年），唐太宗对房玄龄、杜如晦说："你们身为仆射（尚书省的实际长官），应当广求贤才，因才授任官职，这是宰相的职责。近来听说你们受理词讼案情，非常繁忙，这怎么能帮助朕求得贤才呢？"房玄龄听此告诫后，更是努力求贤，"闻人有善，若己有之，不以求备取人，不以己长格物。与杜如晦引拔士类，常如不及"。就是说，房玄龄听到别人有长处，就像自己有一样；用人不求全责备，不以自己所长要求别人。他与杜如晦提拔士人，不遗余力。这与唐太宗的要求是分不开的。

二是用人不拘一格，重用奇才。唐太宗对马周的重用就是如此。《资治通鉴 · 唐纪九》载，贞观三年（公元 629 年），因天下大旱，唐太宗诏令文武官员极言政治得失，布衣百姓马周寄宿在中郎将常何家里，他代常何陈述建议二十多条，唐太宗因惊奇常何的能力而问他，常何说是马周代他起草的。唐太宗于是即刻召见马周，马周还没有来到，唐太宗便派遣使者数次催促。等见到马周后，唐太宗与他交谈，非常高兴，让马周在门下省任职，不久就任命马周为监察御史。从中可以看出唐太宗用人的特点：从文武官员中的对策建议中发现人才；一旦发现人才便马上召见，可以说是求贤若渴；当面谈论考察，确属奇才，不拘一格，立即重用。

三是用人非常公正，亲仇都平等对待。《资治通鉴 · 唐纪八》载，房玄龄曾经对唐太宗说："秦王府（李世民即位前的王府）的旧僚未能升官的，皆埋怨说：'我等跟随侍奉陛下左右，也有很多年了，现今授予官职，反而在前太子东宫、齐王府僚属的后面。'"唐太宗说："行王道的君主至公无私，因此能服天下人心。朕与卿辈平日衣食，都取自百姓。因此设官分职是为了百姓，应当选择贤才而任用，难道要根据新人旧人来安排授予官职的先后顺序吗？如果新人贤能，而故旧不才，怎么可以放弃新人而取故旧呢！如今不论其是否贤能而有怨声，这难道是为政的大体吗？"

《资治通鉴 · 唐纪十》载，贞观七年（公元 633 年），唐太宗任命开府仪同三司长孙无忌为司空，长孙无忌坚决推辞，说："臣为外戚，担心天下人说陛下用人徇私。"唐太宗不允许，说："我根据官职来选择人，唯才是用。如果没有才能，即使很亲也不用，对襄邑王李神符就是这样；如果有才能，即使是仇人也不放弃，对魏征等人就是这样。今日任命你为司空，并不是徇私。"这说明唐太宗唯贤才是用，不徇私情，无论是亲人还是仇人都平等对待。像出身寒门的马周、戴胄，出身士族的李靖、长孙无忌，投诚过来的李勣、秦叔宝，来自敌方的尉迟敬德，拔于怨仇的魏征、王珪等均予以任用。

四是善于知人，扬长避短。《资治通鉴 · 唐纪十三》载，贞观十八年（公元 644 年），唐太宗对司徒长孙无忌等人谈到他们的优缺点："长孙无忌善于避开嫌疑，应对敏捷，决断事理超过古人，然而带兵攻战，非其所长。

高士廉涉猎古今，心术明达，临危难而不改气节，做官没有朋党，但缺乏直言规谏。唐俭言辞善辩敏捷，善于和解人，但为朕做事三十年，没有提什么建议。杨师道性情品行纯正温和，自身也没有什么过失，但性情怯懦，急难之事难以得力。岑文本性情质朴敦厚，文章华美，但持论常常根据远古的经典，自当不违背事理。刘洎性格最为坚贞，讲究利人，但其意崇尚承诺，对朋友有私情。马周处事敏捷，性情正直，品评人物，直道而言，朕近来委任他做事，多能称心如意。褚遂良学问优于他人，性格亦坚贞正直，每每倾注忠诚，亲附于朕，如同飞鸟依人，人自怜之。”这里面除了马周没缺点外，其余都有优缺点（褚遂良的缺点是善于依附），但唐太宗取其所长、避其所短。

《资治通鉴·唐纪十四》载，贞观二十年（公元646年），唐太宗对萧瑀说：“君王选择贤才作为股肱心腹，应当推心置腹任用。人不可以求全责备，必须舍其短处，取其所长。”

五是关心爱护贤才，真情动人。这方面的事例很多，比如《资治通鉴·唐纪九》载，贞观四年（公元630年），杜如晦病重，唐太宗先派太子探问，后又亲自探视。杜如晦去世后，唐太宗每次得到好的物品，就会想起杜如晦，派人将物品送到杜如晦家里。时间长了，言语中提到杜如晦，必定会流泪。

《资治通鉴·唐纪十二》载，贞观十六年（公元642年），魏征患病，太宗手写诏书探问病情。由于魏征的宅院没有厅堂，唐太宗命令将停建小殿的材料拿去给魏征建造厅堂，五天即完工，还赐给他朴素风格的屏风、被褥、几案、手杖等物品。

《资治通鉴·唐纪十三》载，贞观十七年（公元643年），李勣得了暴病，药方说“胡须烧成灰可治疗”，唐太宗亲自剪下自己的胡须，为他配药。李勣连连磕头感谢，感动得哭泣。唐太宗说：“这是为了社稷，并非为卿，何谢之有？”李勣曾经侍奉唐太宗饮宴，唐太宗对他说：“朕在群臣中找一个可以托孤的人，没有能超过你的，你曾经不负于李密，难道会辜负朕！”李勣流泪辞谢，咬破指头出血为誓，因此喝得深醉，唐太宗解下身上的皇袍给他盖上。

《资治通鉴·唐纪十四》载，贞观二十一年（公元647年），高士廉病重，唐太宗亲临他的家中看望，流着泪与他告别。高士廉去世后，唐太宗想要前往哭灵，房玄龄以唐太宗的病刚好，执意谏阻，唐太宗说：“高公与我不仅是君臣关系，还是故旧姻戚（高士廉是长孙皇后、长孙无忌的亲舅舅），岂有听说他的噩耗而不去哭灵呢？你不要再多说了！”说完带领身边的人从兴安门出宫前往，长孙无忌正在高士廉住所灵堂，听说唐太宗将要到来，停止哭泣，出门拦住，并劝谏说：“陛下正在吃药，按照药方不能哭丧，为何不为宗庙社稷和天下百姓考虑而自己保重呢！况且臣舅临终有遗言，非常不愿意陛下屈驾前来。”唐太宗不听。长孙无忌就横卧在道路中间，流泪坚决谏阻，唐太宗不得已返回东苑，望南痛哭，泪如雨下。等到灵柩出横桥，唐太宗还登上长安旧城西北楼，遥望灵柩失声恸哭。

《资治通鉴·唐纪十四》载，贞观二十二年（公元648年）正月，中书令兼右庶子马周得病，唐太宗亲自为他调药，并派遣太子前去询问病情。

《资治通鉴·唐纪十五》载，贞观二十二年（公元648年）七月，房玄龄病情加重，唐太宗征召他到玉华宫，房玄龄乘坐轿子进入殿内，到唐太宗御座旁边才下轿，与唐太宗相对流泪。唐太宗将房玄龄留在宫中，听说房玄龄病情稍好就喜形于色，病情加重则忧虑憔悴。后来，唐太宗又亲自探视，握手诀别，悲不自胜。

唐太宗之所以未能去马周、房玄龄家探视，是因为唐太宗此时也疾病缠身，于第二年的五月也去世了。

上述五个方面足以说明唐太宗用人确实度越千古。但唐太宗的主要用人之道还是“进忠贤、退不肖”。

比如《资治通鉴·唐纪十》载，贞观六年（公元632年），唐太宗对魏征说："为官择人，不可造次。用一君子，则君子皆至；用一小人，则小人竞进矣。"就是说，择选人任官，切不可随意。任用一位君子，则众位君子都会来到；任用一位小人，则其他小人竞相引进。

又如《资治通鉴·唐纪十三》载，贞观十九年（公元645年），唐太宗征伐辽东，将要出发，太子（李治）悲泣数日，唐太宗告诫他："为国之要，在于进贤退不肖，赏善罚恶，至公无私，你当努力行此三条，悲泣有什么用呢！"这里面，唐太宗将进用贤人、黜退不肖作为治国要领的第一条。

再如《资治通鉴·唐纪六十四》载，大中二年（公元848年），唐宣宗任命知制诰令狐绹为翰林学士。唐宣宗曾经将唐太宗所撰写的《金镜》授给令狐绹让他读，当令狐绹读到"乱未尝不任不肖，治未尝不任忠贤"（国家之所以乱，未尝不是任用不肖之人；国家之所以治，未尝不是任用忠贤之人）时，唐宣宗止住他说："凡想求到达太平之世的，应当以这句话为首要纲领。"可见，唐太宗亲自撰写的用人管理心法也是任忠贤、退不肖。

在中国几大盛世中，"贞观之治"在物质上不是最繁荣的，但是在政治清明上超过任何一个盛世，这与唐太宗坚持用忠贤、退不肖是密切相关的。作为王者，要想建功立业，政治清明，不可不留意唐太宗用人管理心法。

七 决策管理心法

决策同样是执政者（领导者）首当其冲的工作，是决定管理工作成败的关键。所以，常有这样的说法："用人腐败是最大的腐败，决策失误是最大的失误。"其实，如何用人？用什么样的人？也是执政者（领导者）的决策内容。可见，决策管理极为重要。

从中国历史实践看，做好决策管理需要处理好几个关系。

一是处理好"谋"与"断"的关系。一方面要多谋，另一方面要善断。要切忌多谋寡断、好谋无决；同时也要切忌少谋武断，像"霍布斯选择"是很容易出问题的。

二是处理好"独"与"众"的关系。也就是处理好独断专行与集众人之智的关系。不考虑别人的意见而独断专行，注定是会失败的，因为领导者也并非全知全能；而群策群力，集众人之智，才是稳妥的，因为即使是愚者，千虑也有一得。

三是处理好"兼"与"偏"的关系。即处理好"兼听"与"偏信"的关系。所谓"兼听"，就是多方面地听意见；所谓"偏信"，就是只听某一方面、某一个人的意见。"兼听"才能吸收各种不同的意见，而"偏信"容易受到蒙蔽欺骗。

当然，做好决策管理还不只是这些。决策者态度、决策体制机制等对于决策民主化、科学化也具有重要影响。决策者态度应当"虚怀""和气"，决策体制机制要科学。

汉高祖：善用众谋，群策群力

所谓群策群力，指众人一起出谋出力，发挥众人力量。这个成语讲的就是汉高祖，出自西汉扬雄的《法言》。司马光在《资治通鉴·汉纪三》中就引用其中的一段话，对汉高祖和项羽进行评论。这里面讲，有人问："楚王项羽兵败垓下，将死之时说：'是天亡我！'对这种说法怎么看？"回答说："汉王刘邦尽量发挥、利用众人之谋，这些计谋调动了众人之力。楚王项羽憎恶众人之谋而只发挥个人之力。善于用众人之谋、众人之力就可以胜利，只凭一已之谋、一已之力就会失败，这与天有什么关系呢？"由此可以看出，楚汉战争中，汉高祖之所以胜，在于他能用众人之谋、众人之力，而项羽之所以败，在于他只凭一已之谋、一已之力。

根据《资治通鉴》记载，汉高祖善用众谋，群策群力主要有以下事迹。

一是常用张良之策，以至张良称"沛公殆天授"。《资治通鉴·秦纪三》载，张良数次用《太公兵法》劝说刘邦，刘邦很善待他，常常用其策。张良为其他人讲，他们都不能领悟。张良说道："沛公殆天授（沛公大概是上天所授吧）！"

二是采用樊哙、张良建议，回军灞上，赢得秦民之心。《资治通鉴·汉纪一》载，汉高祖元年（公元前 206 年），刘邦在攻克咸阳后，看到秦宫的宫室、帷帐、狗马、贵重宝器和宫女数以千计，便想留下来在皇宫中居住。樊哙劝谏说："您是想拥有天下呢，还是只想做一个富家翁啊？这些奢侈华丽之物，都是使秦朝灭亡的原因，您为什么用呢！愿您急速返回灞上，不要留在宫中！”刘邦舍不得这些，不听樊哙的。这时张良劝谏说：“秦朝因为无道，所以您才能够破秦来到这里。大凡为天下百姓去除残暴之贼的人，应当像穿缟素一样。现在刚进入秦宫，就安享其乐，这就是‘助桀为虐’。况且‘忠言逆耳利于行，良药苦口利于病’，愿您能听取樊哙的劝告！”刘邦于是率军返回灞上。在灞上，刘邦提出了著名的“约法三章”，受到了百姓的极大欢迎。

三是采用萧何“养民致贤”的建议，保存实力。《资治通鉴·汉纪一》载，汉高祖元年（公元前206年），因刘邦最先进入关中，按楚怀王与众诸侯的约定当为秦王，可是项羽没有按约定封刘邦为秦王，而是封秦朝的降将章邯、司马欣、董翳为王，镇守关中，并且将刘邦封为汉王，分到偏僻的汉中。

刘邦对此非常愤怒，准备攻打项羽，周勃、灌婴、樊哙等武将都争相劝刘邦起兵攻楚，独有萧何反对，他劝谏刘邦说：“现在草率地起兵攻楚，就是送死。汉中地方虽然不好，但还能活着当诸侯王，不还是比起兵后失败身死好多了吗？古代能暂屈一人之下而最终伸于万乘之上的，像商汤、周武王就是这样。以前的圣人都能屈能伸，愿大王去汉中称王，养民致贤（养育百姓、招致贤人），收用巴蜀之物资，等我们实力强大了就回来平定三秦，收复关中，天下就可以图取了。”

刘邦听了这话，认为十分有见识，便听从了萧何的建议，回到他的封地，任命萧何为丞相。后来，汉高祖收复关中，夺得天下，与萧何“养民致贤”这句话是分不开的。

四是采用三老董公“正名伐罪”建议，成为正义一方，得天下诸侯支持。《资治通鉴·汉纪一》载，汉高祖二年（公元前205年），刘邦率军南渡平阴津，抵达洛阳新城。三老董公拦住刘邦说：“臣听说‘顺德者昌，逆德者亡’‘兵出无名，事故不成’。因此说：‘公开明示要讨伐的是乱臣贼子，敌人才可以被征服。’项羽做无道之事，放逐并杀害了他的君主义帝，实在是天下的乱臣贼子。大凡仁德之士不凭借勇敢，正义之军不凭借武力。大王应当率领三军将士为义帝穿上丧服，以此公告诸侯而讨伐项羽，如此四海之内的人无不仰慕您的大德，这可是夏、殷、周三王之举啊！”

于是刘邦为义帝发丧，痛哭流涕，举哀三天，并派使者向各路诸侯通告说：“天下共同拥立义帝，北面称臣。如今项羽将义帝杀害于江南，大逆不道！寡人全部出动关中之兵，征收三河地区的士兵，沿长江、汉水南下，愿追随诸侯攻打这个杀害义帝的人！”

刘邦因此得以率领诸侯军队共五十六万人讨伐项羽。当刘邦的汉军抵达外黄时，彭越又率领军队三万多人归投刘邦。

可见，刘邦采用董公的进言，从此变成了有德的一方、正义的一方，而项羽则在道义上处于下风。

五是采用张良、陈平建议，放弃西归。《资治通鉴·汉纪二》载，汉高祖四年（公元前203年），刘邦与项羽在广武对话后，项羽自知楚军缺乏援助，粮食已吃完，韩信又进兵攻击楚军，项羽十分担忧。刘邦于是派遣侯公游说项羽，请求将被项羽俘虏的刘太公（刘邦的父亲）放回。项羽于是与刘邦约定，平分天下，以鸿沟为界，鸿沟以西归汉，鸿沟以东归楚。这年的九月，项羽归还太公、吕后，引兵东归。刘邦想西归，张良、陈平劝说刘邦：“天下大半已归汉，而诸侯都归附汉。而楚已经士兵疲惫、粮食吃完，这正是天亡之时。如今放走他们而不攻击，这就是‘养虎自遗患’。”刘邦接受了建议。这为刘邦最后战胜项羽赢得了时间。

六是采用张良封韩信、彭越的建议，合围垓下，灭亡项羽。《资治通鉴·汉纪三》载，汉高祖五年（公元前202年）十月，刘邦追击项羽到达固陵，与齐王韩信、魏国相国彭越约定日期攻击楚。但是韩信、彭越却没有到，楚军攻打汉军，大败汉军。刘邦于是重新坚壁自守，对张良说：“诸侯不遵从约定，怎么办？”张良回答说：“楚军即将被击败，韩信、彭越二人却没有分到领地，他们不应约前来，原本也是应当啊！如果您能与他们共天下，他们就可立即被召来。齐王韩信的封立，不是您的本意，韩信内心也不坚定；彭越本来平定了梁地，起初您因为魏豹的缘故，而让彭越任为相国，如今魏豹死了，彭越也希望称王，而您没有早定下来。现在，您能将睢阳以北到城区的土地都封给彭越，让其称王；将陈地以东到海边之地划给韩信，韩信家乡在楚地，他很想得到故乡的封地。能将这些土地许诺封给这两人，使他们各自为战，则楚容易击破。”刘邦听从了。于是，韩信、彭越都引兵而来。不久，在垓下合围，灭亡了项羽。

司马光还在《资治通鉴·汉纪三十三》中引用班彪的《王命论》，论及汉高祖之所以成就帝业时提到，“当食吐哺，纳子房之策；拔足挥洗，揖郦生之说；举韩信于行陈，收陈平于亡命；英雄陈力，群策毕举，此高祖之大略所以成帝业也”。意思是，刘邦在吃饭之时，能够吐出口中的饭食，采纳张良之策；在洗脚之时，能够停止洗脚，恭敬地对待郦食其的话；在行伍中选拔韩信为大将，任用逃亡奔命的陈平。所以，当时英雄纷纷贡献自己的力量，群策都显现出来，这就是汉高祖的大略。

一般来说，有大略的执政者（领导者）都会注重发挥众人的作用，集合众人的智慧和力量，这样不仅避免“想当然”“拍脑袋”决策带来的失误，还有助于调动每个人的积极性，让他们各展长才。作为王者，应当效仿汉高祖善用众谋、群策群力，以成就大业。

汉文帝：广开言路，虚己受人

汉文帝不仅在躬行节俭、宽仁爱民上是典范，而且在广开言路、虚己受人上也是典范。汉文帝的这种开明态度，不仅对其决策有莫大的帮助，而且与“文景之治”的形成有莫大关系。司马光在《资治通鉴》中记载了他在广开言路、虚己受人方面的一些事迹。

一是嘉纳颍阴侯骑从贾山上书所言。《资治通鉴·汉纪五》载，汉文帝即位的第二年（公元前178年），因为发生了日食，汉文帝下诏罪己，让群臣思考他的过失和见识不到的地方，并让大家荐举贤良方正、能直言极谏的人，以便纠正他的不足。

颍阴侯的骑从贾山上书汉文帝：“我听说，在雷霆的撞击下，没有不被摧毁的；在万钧的重压下，没有不被压碎的。现在君主的威严，比雷霆还要厉害；君主权势之重，远远超过了万钧。君主即使是广开言路请求大家进谏，和颜悦色地接受批评意见，采纳批评者意见并给予重用，士人仍然惧怕而不敢将自己的意见全部说出来；更何况那些纵欲无度、肆意暴虐的君主厌恶听到别人议论他的过失呢！在威严的震慑和权势的重压之下，即使有尧舜那样智慧、孟贲那样勇力的人，也没有不被摧折慑服的。如此一来，君主就听不到自己的过失。君主听不到自己的过失，国家就危险了。

从前，周朝大约有一千八百个封国，以九州的百姓供养一千八百个国的君主，而君主有多余的财富，百姓也有宽裕的体力，因此有歌功颂德的声音。秦始皇用一千八百国的百姓来奉养自己，百姓却耗尽体力也服不完徭役，用尽财产也不能满足他的需求。秦始皇自认为功德很大，推测他的子孙会世代相传以至于无穷。然而，他死后不过几个月，天下人就四面而攻，宗庙就灭绝了。秦始皇处于被灭绝之中而不自知，是什么原因呢？因为，天下人都不敢告诉他实情。

天下人不敢告诉他实情的原因是什么呢？因为，秦朝没有尊老养老的道义，没有辅佐的大臣，罢免批评朝政之人，肆意诛杀进谏之士。因而那些谄媚阿谀、吹捧逢迎、只求自保的小人，吹捧秦始皇的道德高于尧舜，功业贤于商汤和周武王。因此，天下已经崩溃，而没有人告诉秦始皇。”

汉文帝看了贾山上书所言，非常赞赏。

从贾山的这篇上书（《至言》）可以知道，决策者如果听不到实情，听不到过失，就会导致国家衰亡。典型的例子是秦始皇不施仁政却不自知，天下人也不敢告诉他实情，而他身边尽是一帮小人，还吹捧其道德功业冠于古代圣王，所以他倒行逆施，最后没多久秦朝就灭亡了。

二是“止辇受言”。《资治通鉴 · 汉纪五》载，自从贾山上书之后，汉文帝每次上朝，如果有郎官和从官进呈奏疏，他从来都是停下辇车接受。奏疏所说的，如不可采用就放在一边，如可用就加以采用，未尝不深加赞赏。这就是史家所称颂的“止辇受言”。

三是废除诽谤妖言之罪。在古代，诽谤，不同于今天“诽谤”的意思，它是指议论评价别人的过失特别是朝廷的过失，而今天的意思完全是贬义，指恶意地攻击、诋毁别人。妖言，是指怪诞不经的邪说、迷惑人的邪恶言论，所以常和惑众一起连用，称为“妖言惑众”。

《资治通鉴 · 汉纪五》载，汉文帝即位的第二年（公元前 178 年）五月，汉文帝下诏说：“古代明君治理天下，朝廷专门设置进善言的旌旗和批评朝政的木柱，用以保持治国之道的畅通，使直言正谏的人前来发表意见。当今的法令中有诽谤朝廷、妖言惑众之罪，这就使大臣们不敢畅所欲言，那么做皇帝的也就无从了解自己的过失。这样，还怎能招来远方的贤良之士呢？应当废除这一法令。”

这个诏令在《史记·孝文本纪》中记载得更详细。上述内容只是前半部分，后半部分讲得更直截了当。后半部分是这样讲的：“百姓中有人一起诅咒皇帝，一定会互相约定隐瞒，后来又相互欺蒙揭发，官吏们认为这是大逆不道，如果还有其他言论，官吏又以为是诽谤朝廷。而这些实际上只是百姓愚昧无知而犯了死罪。这些做法，我非常不赞成。从今以后，有犯这种罪行的，一律不予治罪。”从这段话可以看出，汉文帝确实心胸开阔，就算是一起诅咒皇帝，也不予以追究。

应当说，汉文帝这项举措是很伟大的。因为在以前的秦代，百姓是不敢议论朝政的，否则就会被杀头。当时李斯上书：“有偶尔说及《诗经》《尚书》者处以弃市之罪，以古非今的处以族诛。”这个是得到了秦始皇批准实施的。所以，废除诽谤妖言之罪，既解放了百姓的言论自由，也大开了言路。

从历史上看，汉文帝时期，言路一直是非常开放的，臣民的言论是非常自由的。汉文帝时期涌现了很多有名的奏疏，特别是贾山、贾谊、晁错等人的言论极有见地，直接影响了汉文帝的决策。比如贾谊还上过著名的《论积贮疏》《治安策》，里面的建议被汉文帝采纳（《资治通鉴·汉纪五》《资治通鉴·汉纪六》）。再如晁错写的《论贵粟疏》，里面的建议也得到了汉文帝的采纳，下令百姓缴纳粮食给边境地区，并以缴纳粮食多少给予相应的爵位。后来晁错又上疏建议汉文帝减免农民的田租，也得到了采纳（《资治通鉴·汉纪七》）。贾谊、晁错等人之所以敢提建议，与汉文帝广开言路、虚己受人是密切相关的，而贾山、贾谊、晁错等人的上奏对当时的国家治理起到了非常重要的作用。

史学家司马光也极为重视“广开言路”，在宋神宗去世后提到时务之先就是“广开言路”。《续资治通鉴·宋纪七十八》载，元丰八年（公元1085年），司马光由洛阳到京城，卫士见到司马光，都用手放在额头上说：“这是司马相公。”所到之处，百姓遮住道路聚集观看，马不能前行，百姓们说：

“您不要回归洛阳，留下来辅佐天下，让百姓有活路。”太皇太后听说后，派遣内侍梁惟简慰劳司马光，并问司马光时务之先，司马光上书说：“臣愚以为如今时务最先考虑的应当是公开下诏书，广开言路，不论有官职还是无官职，凡知朝政缺失及民间疾苦的，都允许如实禀奏，尽情极言。”太皇太后采纳了。所以，司马光在编撰《资治通鉴》时，比较留意君主广开言路的事迹。

在古代，为保证言路畅通，一些开明的君主规定：史官记录君主的过失，百工诵读箴言规诫君主，乐师咏诗劝谏君主，公卿大臣正言直谏，士人传递文书提出意见，平民在道路上批评，商人在市场上议论。这样，君主才能听到自己的过失，听到自己的过失而改正，见到正确合理的而听从，这样就能立于不败之地，长久地拥有天下。

《诗经·大雅·板》中讲：“先民有言，询于刍荛。”这说明普通百姓的言论中都有可以采纳的地方。作为王者，决不能刚愎自用、闭目塞听，应当效仿汉文帝广开言路、虚己受人，以作出正确的决策。

汉武帝：策问治道，匡时济世

大凡有雄才大略或励精图治的君主都想了解掌握治国之道，以便正确决策，匡时济世。司马光在《资治通鉴》中便记载了汉武帝亲自主持以“古今治道”为题的策问考试的事迹。

《资治通鉴·汉纪九》载：“建元元年，冬，十月，诏举贤良方正、直言极谏之士，上亲策问以古今治道，对者百余人。”这场策问考试带来了历史的重大转折，使儒家思想占据优势地位，并成为多数王朝的正统思想。

这个时候，儒学大师董仲舒应时而出，针对汉武帝策问，提出了著名的“天人三策”。

司马光在《资治通鉴·汉纪九》中用很长的篇幅记载了董仲舒的“天人三策”。主要内容有以下方面。

第一，仁、义、礼、乐是古今治道的具体方法。董仲舒在对策中讲：“所谓的‘道’，是指由此而达到天下大治的道路。仁、义、礼、乐都是君主推行‘道’的具体方法。自古以来的圣王也是以这四种方法治理天下的。

第二，君主之心必须端正。董仲舒在对策中讲：“君主能够先端正自己的心，则所作所为必然都合乎治道，这样就可以端正朝廷。端正朝廷，就要任贤去佞，这样就可以端正百官。端正百官，就要推行仁、义、礼、乐，这样就可以端正百姓。端正百姓就可以端正四方。天下四方都端正了，则远近没有谁敢不统一于正道的，这样就没有邪气奸恶在天地之间，因此阴阳调和、风雨顺时，众生和谐而百姓不断繁衍，世间的福瑞吉祥没有不来到的，而这是王道最终的目标了！”

第三，立太学、兴教化是治国要务。董仲舒在对策中讲：“大凡趋利避害是人的天性。百姓追逐财利，就像水往低处流一样，如果不以教化为堤坝，又怎么阻止得住？古代英明的君主明白这个道理，因此南面称王治理天下时，没有不把教化作为大事要务的。他们建立太学，以便在京城兴起教化；设立学校，以便在县乡城邑中实施教化，用仁来教育百姓，用义来感化百姓，用礼来节制百姓，因此当时的刑罚很轻而没有人触犯禁令，教化得到推行而社会习俗美好。”

第四，根据形势进行改革。董仲舒在对策中讲：“由于秦朝的治国方法已经使天下坏到了极点，必须改弦更张，将秦朝所推行的治国方法全部废除，才能治理好国家。因此，汉朝自取得天下以来，一直想治理好国家，然而至今没有治理好，其原因就在于对旧制度更新得不彻底，应当实行改革的时候而没有实行改革。”

第五，以仁义治国才能达到盛世。董仲舒在对策中讲：“周武王推行大义，推翻了祸害天下的残贼。当天下统一后，周公作礼乐实行文治。到了周成王、周康王之时，刑罚不用，牢狱空虚，连续四十余年没有人被判刑。这都是以仁义教化天下、不断熏陶形成的，不是伤残皮肉的刑罚威慑的功效。”

第六，培养贤士需要兴办太学。董仲舒在对策中讲：“太学，是产生贤士的地方，是教化的本源。臣希望陛下兴办太学，设置高明的老师，以培养天下的士人，时常考试询问他们，以使他们充分展现自己的才能，则英俊人才可以得到了。”

第七，慎重选择郡守、县令。董仲舒在对策中讲：“现在的郡守、县令，是百姓的老师和统帅，他们是承导君主恩泽和宣扬教化的，他们如果不贤良，则君主的仁德得不到宣扬，恩泽就流不到下面。”

第八，任官要看是否贤能，而不应看资历。董仲舒在对策中讲：“小才之人，即使资历很久，仍做小官；贤才之人，即使任职不久，也不妨碍他能为辅佐君主的大臣。”

第九，让郡国官员每年举荐两名贤者并以此赏罚。董仲舒在对策中讲：“臣认为让各位诸侯、郡守、俸禄二千石的官员各选择吏民中的贤者，每年向朝廷荐举两人，让他们在皇宫中值班守卫，而且还可以用来考察大臣是否贤能。所荐举的人贤能就给予奖赏，所荐举的人不好就予以惩罚。”

第十，食禄者不得与民争利。董仲舒在对策中讲：“那些身受君主宠爱而处高位的人，家中饱暖而享有厚禄，而且依仗富贵的资本和权势，在下面与民争利，百姓怎么能安居乐业呢？”

第十一，“罢黜百家，独尊儒术”。董仲舒在对策中讲：“诸子百家研究方向不同，主张也不一样，因此处在上位的君主没有办法统一，法令制度数次改变，在下的百姓无所适从。臣很愚笨地认为，除六艺和孔子的学术之外，都应当废绝。”

司马光在《资治通鉴》中讲，“天子善其对，以仲舒为江都相”，也就是说汉武帝非常赞赏董仲舒的对策，任命董仲舒做江都国的相。

此后，汉武帝采纳了董仲舒“天人三策”中的不少建议，起到了匡时济世的作用。比如尊崇儒家，设立太学，立五经博士，重视礼乐教化，推举孝廉，等等。像《资治通鉴 · 汉纪九》就记载，元光元年（公元前 134 年）十一月，汉武帝初次下令郡国推举孝廉各一人，这是采纳了董仲舒的建议。

实际上，汉武帝亲自策问治道的主要目的有两个：一是求得治国良策，二是选拔人才为官。但好处却有三个：有助于激励人才，有助于识别贤愚，有助于汇集民智。

自汉代至北宋初年，帝王亲自策问治道并取得成效的，除了汉武帝外，还有汉文帝、周世宗等。

比如《资治通鉴 · 汉纪七》载，汉文帝十五年（公元前 165 年）九月，汉文帝诏令诸侯王、公卿、郡守举荐贤良、能直言极谏的人，汉文帝亲自策问考试。在这次策试中，太子家令晁错的对策为高等，汉文帝提升他为中大夫。

再如《资治通鉴·后周纪三》载，显德二年（公元955年），周世宗考虑致天下太平之方略，于是亲自策问左右近臣，题目是“为君难为臣不易论”“开边策”，当时比部郎中王朴的对策很符合周世宗的心意，周世宗不久便提拔王朴为左谏议大夫、知开封府事。

君王政事繁多，往往日理万机，但很要紧的是古今治道。因为古今治道是治国的大战略、大枢机。因而对古今治道必须由君王亲自策问。这对于其决策是大有帮助的。所以，作为执政者（领导者），不妨学学汉武帝亲自策问古今治道的决策管理心法，往往会有意想不到的收获。

诸葛亮：集思广益，汇集众智

诸葛亮是三国时期最具盛名的思想家、政治家、军事家。清代才子毛宗岗《读三国志法》中称赞说：“历稽载籍，贤相林立，而名高万古者莫如孔明。……比管、乐则过之，比伊、吕则兼之，是古今来贤相中第一奇人。”诸葛亮智慧绝伦，千百年来为后世传唱。

《资治通鉴·魏纪二》载，魏文帝黄初四年（公元223年），刘备在永安托孤诸葛亮，命丞相诸葛亮辅佐太子，并对诸葛亮说：“你的才能胜过曹丕十倍，必能安国，最终能定大事。如果我的儿子可以辅助就辅助，如果他确实不才，你可以自取当国。”同时又下诏敕令太子刘禅（后主，此时十七岁）：“你与丞相共事，要待他像自己的父亲那样。”刘禅即位后封诸葛亮为武乡侯并兼任益州牧。因此，当时“政事无巨细，咸决于亮”。也就是说，诸葛亮才是真正的执政者，是蜀汉实际的“王”。

诸葛亮在决策上有一个独到的地方，就是“集思广益”，这体现了诸葛亮的决策风格。这个成语也来源于他发布的教令。司马光在《资治通鉴》中记载了诸葛亮的教令。

《资治通鉴·魏纪二》载，黄初四年（公元223年），诸葛亮成为蜀汉的实际执政者，他执政后首先做了三件事：第一件事是“约官职”，就是精简官职；第二件事是“修法制”，即修订法律制度；第三件事是“发教与群下”，就是向群臣发布教令，诸葛亮发了两条教令。

第一条教令说：“所谓参与朝政，署理政务，就是要集中众人的智慧，广泛听取吸收有益的意见（‘夫参署者，集众思，广忠益也’）。如果因为小小的隔阂而相互疏远，就难以听到不同的意见，这样就会有缺漏并受损失。听到不同的意见而能得出正确合理的决定，如同扔掉破草鞋而获得珠玉。然而，人心苦于不能完全做到这一点，只有徐元直（徐庶）在这方面不会困惑。又有董幼宰（董和）参政七年，凡事有不到位的地方，反复听取不同意见达十次，然后再报告给我。如果能仿效徐元直的十分之一，像董幼宰那样勤奋，都对国家一片忠心，那么我诸葛亮就可以少犯些过错了。”

第二条教令说：“从前我诸葛亮刚结交崔州平时，他多次指出我的优缺点；后来结交徐元直，也常得到他的启迪和教诲；先前与董幼宰商议事情，他每次知无不言、言无不尽；往后与胡伟度共事，他对我多次劝谏，使我避免了很多失误。我虽然资质愚昧，见识短浅，不能全部采纳他们的教益，然而与这四人始终和好，这也足以表明我诸葛亮对直言是不会猜疑的。”

这两个教令中，主要内容都是讲“集思广益”，尤其是第一个教令非常明确，直接提出来了。

这个“集思广益”是极为重要的工作方法。一代伟人毛泽东就非常精通这个道理，他在《党委会的工作方法》一文中指出：“我们切不可强不知以为知，要‘不耻下问’，要善于倾听下面干部的意见。先做学生，然后再做先生；先向下面干部请教，然后再下命令。”他还强调：“这不会影响自己的威信，而只会增加自己的威信。”他还指出：“我们做出的决定包括了下面干部提出的正确意见，他们当然拥护。下面干部的话，有正确的，也有不正确的，听了以后要加以分析。对正确的意见，必须听，并且照它做。中央领导之所以正确，主要是由于综合了各地供给的材料、报告和正确的意见。如果各地不来材料，不提意见，中央就很难正确地发号施令。”这里面就体现了“集思广益”的工作方法。所以说，“集思广益”是真正科学的工作方法和领导艺术。

在中国古代有个征询制度，类似于集思广益。《周礼·秋官司寇·小司寇》载，小司寇负责掌管有关外朝的政事，召集万民而征询他们意见：一是当国家有危难时，二是当国家要迁都时，三是当国家选立嗣君（继承人）时（“一曰询国危，二曰询国迁，三曰询立君”）。外朝的朝位是：周王面朝南，三公和州长、百姓面朝北，群臣面朝西，群吏面朝东。小司寇作揖请他们按次序上前接受周王的征询，这是集众人之智辅助周王进行谋断。这个征询制度确实很好，是周王集思广益治理天下的体现。尤其是出现上述三个方面的情况而征询，也体现了古人对国家大事考虑的深意。

荀子说：“天下国有俊士，世有贤人。迷者不问路，溺者不问遂，亡人好独。”（《荀子·大略》）这是讲，天下每一个国家都有才智出众的人，每个时代都有贤人。迷失方向的人，是由于不问路；被水淹没的人，是因为不问水的深浅；导致国家灭亡的，是那些喜欢独断专行的君主。清代金缨《格言联璧·从政类》中也讲：“大智兴邦，不过集众思；大愚误国，只为好自用。”意思是，大的智慧兴邦，不过是集众人所思而已；大的愚蠢误国，只因为喜欢刚愎自用。所以，作为王者，应当效仿诸葛亮集思广益的做法，汇集众智，确保决策少有错失。

唐太宗：从谏如流，听断不惑

在中国历史上，唐太宗李世民是真正被帝王将相、平民百姓真心称颂的人物，尤其是他从谏如流极为知名，可以说是帝王的典范。这也是唐太宗成功的重要原因。他喜欢正直的人给他提建议，并对他们要么给予奖赏，要么提拔，没有因此而被黜责的。司马光在《资治通鉴》中记载了唐太宗从谏如流的一些事迹。

一是诚心求谏。《资治通鉴·唐纪八》载，贞观元年（公元627年），唐太宗神采英武刚毅，群臣觐见时都手足失措，唐太宗知道后，每见人奏事，必定和颜悦色，希望能听到规谏。他曾经对公卿说："人要想见到自己的身形，必定借助明镜；君主要想知道自己的过错，必定等待忠臣。如果君主刚愎自用，自认为贤能，臣子又阿谀，顺着旨意，君主失去国家，臣子岂能独自保全？像虞世基等人谄媚隋炀帝以保富贵，隋炀帝被弑后，虞世基等也被诛杀。你们应当以此为戒，对于政事得失，不惜尽言直谏。"

这一年，唐太宗还下制文："从今以后，中书省、门下省以及三品以上官员入阁议事，都应让谏官随行，有过失立即进谏。"这是唐朝贞观之时的一项重要制度。

二是虚心纳谏。作为君主，如果只是表明一个姿态让臣子进谏，而对于好的建议不采纳，那么臣子也就不会有积极性，只有君主虚心纳谏，臣子才会有进谏的积极性。我们可从魏征有次所说的话中看出。《资治通鉴·唐纪十》载，魏征说："都是陛下引导臣进谏，臣才得以尽愚诚，若陛下拒而不受进谏，臣怎么敢数次犯颜强谏呢？”

唐太宗不仅虚心采纳魏征的建议，而且对其他臣子的进谏也从善如流。比如，《资治通鉴 · 唐纪九》载，贞观二年（公元 628 年），唐太宗任命黄门侍郎王珪为守侍中。有一次，唐太宗闲居无事，与王珪交谈，有一美女在旁侍候，唐太宗指给王珪说：“这是庐江王李瑗的姬妾，李瑗杀了她的丈夫而收纳她。”王珪离开座位说：“陛下认为庐江王纳她为妾是对还是错？”唐太宗说：“杀人而娶其妻，很明显是错啊！”王珪回答说：“从前齐桓公知道郭公灭亡的原因，在于善善而不能用（恶恶而不能去），而齐桓公本人弃置不用进良言之人，管仲认为这与郭公没什么两样。现在这个美人还在您左右，我认为陛下是认同庐江王做得对。”唐太宗听了很高兴，即刻将此美女放出宫，归还给她的亲族。

三是真心赏谏。贞观前期，唐太宗对魏征、王珪的重用，都是因为这两人不仅贤能，而且敢于进谏。对魏征，唐太宗更是不遗余力地提拔重用，并将魏征视作最为重要的两位大臣之一。《资治通鉴 · 唐纪十一》载，贞观十二年（公元 638 年），唐太宗因为皇孙出生，在东宫宴请五品以上官员，唐太宗说：“贞观之前，跟随朕经营天下，房玄龄之功；贞观以来，纠正我的过错，魏征之功。”并赐二人佩刀。

对其他臣子的进谏，唐太宗也是给予奖赏，鼓励他们。比如，《资治通鉴 · 唐纪八》载，贞观元年（公元 627 年），唐太宗曾经谈到关中人、山东人，语意有所偏向。殿中侍御史张行成跪奏说：“天子以四海为一家，不应当有东西的分别，恐怕给人感觉陛下狭隘。”唐太宗认为他说得对，厚赐他。自此每当朝廷有大事，都让他参与讨论。

又如，《资治通鉴 · 唐纪十》载，贞观八年（公元 634 年），中牟县丞皇甫德参上书说：“修筑洛阳宫殿，劳苦百姓；收地租，加重了赋税；时俗女子喜好束高髻，这是受宫中的影响。”唐太宗开始很生气，后来在魏征的劝谏下，赏赐其绢布二十匹，后来还授职监察御史。

对唐太宗的从谏如流，司马光在《资治通鉴·唐纪八》中以“臣光曰”评论说：“古人说过：君主贤明则臣下正直。裴矩在隋朝是位佞臣，而在唐朝是忠臣，并不是他的品性有改变。如果君主厌恶听到过失，则臣子的忠诚便转化为谄媚阿谀；如果君主乐意听到直言，则谄媚阿谀又会转化成忠诚。由此可知，君主如同测影的表，臣子便似影子，表动则影子跟随而动。”这段话是夸赞唐太宗从谏如流，乐意听到过失，所以像裴矩这样在隋朝时的佞臣也敢于进谏忠言。

元代史学家戈直说：“隋炀帝失天下之道不一，而莫大于拒谏；唐太宗得天下之道不一，而莫大于纳谏。”意思是，隋炀帝失去天下的道理有很多，而其中最重要的原因莫过于拒谏；唐太宗得到天下的道理也有很多，而其中最重要的原因莫过于纳谏。他还指出，但凡帝王能够做到虚心纳谏，即使是勉强的，也能创造大治的局面，何况真诚纳谏的呢？

唐太宗治理国家的要诀之一就是“从谏如流”，而且这一条是他非常典型的特质。后晋史学家刘昫在《旧唐书·太宗本纪》中对他评价：“听断不惑，从善如流，千载可称，一人而已！”即听断政事而不疑惑，从善如流，千载以来值得称赞的，只有唐太宗一人罢了。作为王者，应当效仿唐太宗从谏如流，善于采纳正确意见，这样才能听断不惑，保持正确英明。

八　团队管理心法

所谓团队管理，就是将所有团队成员团结在一起干事创业。任何个人的作用都是有限的，个人强虽然重要，但更关键的是形成优势互补的团队，团队强不仅是 1 + 1 > 2，更会形成乘数效应，这样才能建功立业。而团队强，关键在于团队领导善于团队管理，能集聚团队合力。

从中国历史实践来看，做好团队管理需要注意以下几个核心因素。

一是共同愿景。所谓愿景就是能够实现的美好前景，能够振奋整个团队的士气。朝着共同目标前进，这样就可成就一番事业。

二是良好氛围。团队要以真诚相待、相互信任为基础，没有这样的良好氛围，再优秀的人组成团队也是没有战斗力或没有持久战斗力的。同时还要有宽容仁恕的氛围，能够相互谅解、相互包容。

三是义利兼和。团队是靠遵守共同的“义”而存在的，但又不能忽视个人的“利”。光是高谈“义”而不注重“利”，团队也是难以持久的。要在守住共同的“义”的前提下，满足个人追求的“利”。总之，要集众人之利以成大义，集众人之私以成大公，这才是团队管理的良好状态。

当然，团队管理还有其他很重要的因素。有时还需因人而异、因人制宜、因时制宜等。

燕昭王：不听谗言，信任贤臣

燕昭王屈身招贤，高筑黄金台，吸引了很多人才投奔燕国。在这些贤士之中，乐毅起了最大的作用。乐毅是名将乐羊之后，从魏国来投奔。燕昭王对他的才学非常赏识，委以高位和国政，两人也最相知。在燕昭王、乐毅的治理下，经过二十八年，燕国殷实富裕，士兵都乐于、敢于战斗。司马光在《资治通鉴》中记载了燕昭王不听谗言、不疑乐毅的事迹。

《资治通鉴·周纪四》载，周赧王三十年（公元前285年），燕昭王日夜安抚教导百姓，使燕国更加富足，于是他与乐毅商议进攻齐国。乐毅认为齐国称霸以来，至今有余力，而且土地广阔、人口众多，不能轻易地单独攻打它，要联合赵国以及楚国、魏国一起攻打。诸侯们认为齐湣王骄横暴虐对各国也是个祸害，都争相谋划与燕国联合共同讨伐齐国。

周赧王三十一年（公元前284年），乐毅统一指挥秦、魏、韩、赵、燕五国的军队去攻打齐国。齐湣王也集中国内力量进行抵抗，双方在济水西边大战，齐国军队大败。乐毅便退回秦国、韩国军队，令魏国军队分兵进攻宋国旧地，派赵国军队去收复河间。他独自率领燕军，由北长驱直入齐国。

周赧王三十六年（公元前279年），乐毅大败齐兵后，乘胜追击，所向披靡，包括齐国首都临淄在内的齐国城市都被攻占了，仅有莒城、即墨未沦陷。乐毅围攻两城，一年未能攻克，便下令解除围攻，退至城外九里处修筑营垒，下令说："城中的百姓出来，不要抓捕他们，有困饿的还要赈济，让他们重操旧业，以安抚新占地区的百姓。"过了三年，城还未攻下。

这时有人在燕昭王面前进谗言，挑拨离间说："乐毅才智过人，攻无不克，战无不胜，强大的齐国在短时间内就被攻下七十余座城池，现在只剩两座城，以他的才智，攻下两城是旦夕间的事，之所以三年不攻，就是他想倚仗兵威来收服齐国人心，自己好南面称王而已。如今齐国人心已服，他之所以还不行动，就是因为妻子、儿子在燕国。况且齐国多有美女，他早晚将忘记妻子。希望大王早些防备！"

燕昭王设酒会大宴群臣，当着众大臣的面，拉出说此话的人斥责道："先王举国之力而礼待贤士，并不是为了多得土地留给子孙。无道的齐国趁着我们国家动乱得以残害先王，我即位以后，痛心入骨，因此广延群臣，外招宾客，以求报仇。如果有成功者，我愿意和他共享燕国。现在乐毅为我破齐，报了旧仇，齐国本来就应归乐毅所有，不是燕国该得到的。乐毅如果能拥有齐国，与燕国成为平等国家，结为友好的邻邦，以抵抗诸侯之国，这正是燕国之福、寡人之愿啊！你怎么敢说这种话呢！"于是斩了此人，又赐给乐毅妻子王后服饰，赏赐他的儿子公子服饰，配备君王车驾乘马，及上百辆属车，派国相送到乐毅那里，立乐毅为齐王。

乐毅惶恐，不敢接受，拒绝了封他为齐王的诏令，并写信宣誓以死效忠燕王。

同时，《资治通鉴》也记载了一些因为听信离间之言，而猜忌贤臣、部属，导致自身或国家灭亡的君主。

比如魏安僖王。《资治通鉴 · 秦纪一》载，秦庄襄王三年（公元前247年），魏公子无忌率五国军队在黄河以西大败蒙骜，蒙骜逃走。魏公子无忌率军追到函谷关，将秦军压制在关内才回到魏国。秦庄襄王于是使用离间计，派人携带万金到魏国，寻找晋鄙的门客，让他在魏安僖王面前说："魏公子无忌为将，诸侯都归心于他，天下只听说他的名而不听说您魏王啊！"秦庄襄王又多次派人向魏公子无忌道贺说："您当上了魏王没有？"魏安僖王天天听到谮毁魏公子无忌的话，不能不信，就派人代替魏公子无忌统率军队。

魏公子无忌自知被人谮毁而废，于是称病不朝，日夜以酒色自娱，四年后去世。魏公子无忌去世后十来年，魏国就灭亡了。

再如西楚霸王项羽。《资治通鉴 · 汉纪二》载，汉王刘邦问陈平说：“天下纷争不已，何时能平定呢？”陈平说：“项王的骨鲠之臣不过亚父范增、钟离昧、龙且、周殷等几个人。大王如果能捐出数万斤黄金，行反间计，离间他们君臣，使他们相互猜忌，他们必定心离。项王为人多疑，听信谗言，必定与他们自相残杀，汉军趁机而攻打，一定可以破楚。”汉王于是出黄金四万斤给陈平，任他使用，不问其出入。陈平以黄金在楚军中行反间计，说：“钟离昧等为项王大将，功劳很多，然而终究不能分封为诸侯，想与汉王一起灭项氏而瓜分楚地。”项羽果然不信钟离昧等人。后来，项羽又猜疑亚父范增，使得范增气愤地离开了项羽。刘邦说：“项羽有一范增而不能用。这就是项羽所以被我擒拿的原因。”所以，项羽猜忌部属是导致其灭亡的重要原因。

晋朝史学家袁准在《袁子正书 · 用贤》中也提出：“夫唯信而后可以使人。”就是只有信任后才可以用人。他举例说，从前齐威王任用章子为将而讨伐魏国，有人说章子多次想造反，但齐威王不予以回应，照样信任章子。自此之后，担任齐国将领的都没有怀疑之心，因此齐国始终兵强于列国。

一般来说，领导和部属最好的关系莫过于相互信任，最坏的关系莫过于怀疑猜忌。相互信任，就算是政见和“三观”不同也会逐渐感化；怀疑猜忌，就算是亲人也会逐渐离心。然而，君主往往雄猜多忌。所以，作为领导，一定要力戒猜忌部属，尤其是有大功的、贤能的部属，应当像燕昭王不听谗言，信任乐毅一样，这样才能得团队部属的支持和拥护，从而成就大事。

汉宣帝：褒扬功臣，树立典型

在团队管理中，树立典型或榜样十分重要，这代表着方向标，激励团队建功立业。汉宣帝在位时是汉朝最为强盛之时，此时不仅百姓好过、天下太平，而且连四夷特别是匈奴也都来臣服，因此他决定图画功臣来褒扬，以激励大臣辅佐中兴，这在历史上开了以画像礼赞功臣的先河。司马光在《资治通鉴》中记载了他的这一事迹。

《资治通鉴·汉纪十九》载，甘露三年（公元前 51 年），匈奴呼韩邪单于前来朝见。汉宣帝因四方戎狄臣服，思念那些辅佐自己的大臣的功劳，于是令人将他们的体形相貌画在麒麟阁上，并署其官爵、姓名。只有霍光不称名以示尊崇，称为"大司马、大将军、博陆侯，姓霍氏"，其后依次是卫将军、富平侯张安世，车骑将军、龙额侯韩增，后将军、营平侯赵充国，丞相、高平侯魏相，丞相、博阳侯丙吉，御史大夫、建平侯杜延年，宗正、阳城侯刘德，少府梁丘贺、太子太傅萧望之、典属国苏武。这十一人都有功德，知名当世，因此表彰显扬他们，"明著中兴辅佐，列于方叔、召虎、仲山甫焉"（彰明他们是汉宣帝中兴的辅佐之臣，可比辅佐周宣王中兴的名臣方叔、召虎、仲山甫）。

这里面特别注意的是，图画功臣不同于一般的下诏表彰，分量极重，能上功臣榜的条件非常严格，总共才十一人。而当时的丞相黄霸、廷尉于定国、大司农朱邑、京兆尹张敞、右扶风尹翁归及儒者夏侯胜等，虽然都能善终，扬名于当世，然而不得列于名臣之图，由此可知汉宣帝的选择标准。

司马光在《资治通鉴》中还记载了两位帝王在位时图画功臣的事迹。

一位是汉明帝。《资治通鉴 · 汉纪三十六》载，永平三年（公元60年），汉明帝思念建立东汉中兴大业的功臣，于是在南宫云台画上二十八位将领的肖像。邓禹居首，依次是马成、吴汉、王梁、贾复、陈俊、耿弇、杜茂、寇恂、傅俊、岑彭、坚镡、冯异、王霸、朱祐、任光、祭遵、李忠、景丹、万修、盖延、邳肜、铫期、刘植、耿纯、臧宫、马武、刘隆。又增补王常、李通、窦融、卓茂，共计三十二人。因为马援是皇后之父，所以唯独没有将他纳入其内。上述三十三人尤其是云台二十八将，为汉光武帝建立东汉王朝、统一天下立下了汗马功劳。

另一位是唐太宗。《资治通鉴 · 唐纪十二》载，贞观十七年（公元643年），唐太宗命人在凌烟阁图画功臣。他们是：赵公长孙无忌、赵郡元王李孝恭、莱成公杜如晦、郑文贞公魏征、梁公房玄龄、申公高士廉、鄂公尉迟敬德、卫公李靖、宋公萧瑀、褒忠壮公段志玄、夔公刘弘基、蒋忠公屈突通、郧节公殷开山、谯襄公柴绍、邳襄公长孙顺德、郧公张亮、陈公侯君集、郯襄公张公谨、卢公程知节、永兴文懿公虞世南、渝襄公刘政会、莒公唐俭、英公李勣、胡壮公秦叔宝二十四人。这二十四人对扫平群雄建立唐朝、开创“贞观之治”的盛世立有大功。因此，唐太宗将他们图画凌烟阁。中唐诗人李贺《南园十三首 · 其五》诗中说：“男儿何不带吴钩，收取关山五十州。请君暂上凌烟阁，若个书生万户侯？”不仅体现了男儿建功立业的壮志，也体现了纪念凌烟阁功臣的重大意义。

宋朝时，宋仁宗也常给品德高尚的贤臣亲题碑石，以示褒扬。比如《宋史》载，北宋名相王旦忠心为国，而且进贤不留名。王旦为宰相时，宾客满堂，但没有谁敢因私请托。王旦去世后，宋真宗赠他历代文臣最美的谥称“文正”。宋仁宗则亲题碑石“全德元老之碑”。这是极为少见的荣誉。《宋史》还载，范仲淹去世后，朝廷追封他为兵部尚书，谥号“文正”，宋仁宗亲书其碑“褒贤之碑”。

事实上，褒扬功臣、树立典型是团队管理的重要方法。树立典型有时比单纯的说教更有效果，好的典型是最好的引导。功臣的事迹，团队的人都看得见，都很清楚，所以褒扬功臣无疑是很好的导向，同时也能激励其他人和后来者。正如唐太宗在《图功臣像于凌烟阁诏》中所说："庶念功之怀，无谢于前载；旌贤之义，永贻于后昆。"作为王者，可效仿汉宣帝、汉明帝、唐太宗褒扬功臣、树立典型，激发团队昂扬奋发，在德行、功业、学术上取得卓异成绩。

前秦苻坚：推诚待贤，明良千古

在成都武侯祠，我们可以看到四个大字“明良千古”（君主圣明、臣子贤良，名垂千古）的匾额，说的是汉昭烈帝与诸葛亮君臣相知。史学家陈寿在《三国志 · 蜀书 · 先主传》中评价说：“先主之弘毅宽厚，知人待士，盖有高祖之风，英雄之器焉。及其举国托孤于诸葛亮，而心神无贰，诚君臣之至公，古今之盛轨也。”也就是说，刘备气度恢宏，性格果毅，为人宽厚，知人善任，礼贤下士，有汉高祖刘邦的风度，有英雄之器。特别是他把整个国家托付给诸葛亮，而不存半点疑心，这实在是君臣都大公至极，可谓古往今来的最佳楷模。

其实，在三国之后的东晋时期，还有一位君主待贤臣也是如此，甚至还超过刘备对待诸葛亮。这位君主便是前秦天王苻坚，他与王猛君臣相得、风云际会，干出了一番事业，成为十六国中最令人传颂的一对君臣。最难能可贵的是，苻坚是鲜卑族，而王猛是汉族，但苻坚并没有“非我族类，其心必异”之念，他打破了民族的界限，非常信任倚重王猛，可以说是推诚待贤的典范。司马光在《资治通鉴》中详细地记载了前秦天王苻坚推诚对待王猛的事迹。

一是初次见面便以刘备与诸葛亮相比。《资治通鉴 · 晋纪二十二》载，晋穆帝升平元年（公元 357 年），时任东海王的苻坚，平素一直被时人赞誉，他和过去姚襄的参军薛赞、权翼非常要好。有一次，薛赞、权翼秘密地劝说苻坚：“主上（指苻生）猜忌残忍且暴虐，宫中内外已离心离德，当今适宜担当大秦君主者，不是您还有谁呢？愿您早日谋划，不要让其他姓氏的人夺得！”苻坚问尚书吕婆楼，吕婆楼说：“我已经不足以办大事。我的私宅里有一个叫王猛的人，他的谋略世间罕有，您应当请他出来，向他咨询。”苻坚便让吕婆楼召来王猛，两人一见面，就像老朋友一样。谈论到时事，苻坚十分高兴，自称像刘备遇到诸葛亮一样。后来苻生被杀，群臣请求立苻坚为王，苻坚称为大秦天王，任命王猛为中书侍郎，掌朝政机要大事。自晋穆帝升平二年（公元358年）起，王猛日益受到苻坚的亲近与信任。

二是认为自己对王猛超过骨肉和历史上极好君臣的关系。《资治通鉴·晋纪二十五》载，晋简文帝咸安元年（公元371年），车骑大将军王猛考虑到都督六州的责任重大，向苻坚进言，请求将此重任改授给宗亲中贤明的人，并请求自己去镇守一州以效力。苻坚回复王猛说：“朕和你的关系，从道义上讲是君臣，从亲情上讲则胜过骨肉。虽然齐桓公对管仲、燕昭王对乐毅、刘备对诸葛亮非常亲近，但我认为我们之间要超过他们。既然把六州委托给你，那么朕就解除了东顾之忧。”

三是多次升迁王猛并任命为丞相总揽军政大权。《资治通鉴·晋纪二十二》载，升平三年（公元359年），秦王苻坚任命咸阳内史王猛为侍中、中书令兼领京兆尹。不久，又任命王猛为辅国将军、司隶校尉，在宫中值宿警卫，仆射、詹事、侍中、中书令以及兼任的其他职务仍旧不变。王猛上疏辞让，苻坚没有同意。王猛时年三十六岁，一年中五次升迁，权倾朝廷内外，有的人诋毁他，苻坚就以罪处罚，于是群臣没有谁敢说王猛的不是。

《资治通鉴·晋纪二十五》载，晋简文帝咸安二年（公元372年）六月，苻坚任命王猛为丞相、中书监、尚书令、太子太傅、司隶校尉共五个职务，而特进、常侍、持节、将军、侯爵仍旧像过去一样保留。八月，王猛抵达长安，又加任都督中外诸军事。王猛辞让说：“丞相职位权重，太傅职位尊崇，尚书令政务纷繁，司隶校尉职责重大，总督职掌军务，文武职务集于一身，大小事务都要亲自做，以伊尹、姜尚、萧何、邓禹那样的贤明，尚且不能兼备，何况臣王猛这样不如他们的呢！”表章进上了三四次，苻坚不同意，说：“朕正在统一天下，除了你没有可以委以重任的。你不能辞让宰相，就像朕不能辞让天下一样。”

王猛为丞相，苻坚端拱无为，军国重事以及内政外交之事，无不经由王猛。苻坚还敕令太子苻宏及长乐公苻丕等人说：“你们对待王猛，要像对待我一样。”

四是亲自为重病的王猛祈祷。《资治通鉴·晋纪二十五》载，晋孝武帝宁康三年（公元375年）六月，王猛得了重病，苻坚亲自为他到南、北郊以及宗庙、社稷坛祈求神灵，并分派侍卫大臣前往黄河、华岳遍祈诸神。王猛的病情稍有好转，苻坚又为此而对判死刑以下的罪犯实行赦免。

这年的七月，王猛病逝，苻坚亲自参与装殓王猛，三次前往痛哭，并对太子苻宏说：“上天难道不想让我统一天下吗？为什么这么快就夺走了我的王猛呢？”依照汉代霍光（汉武帝时的托孤大臣，汉昭帝时的实际执政者，汉宣帝时图画功臣于麒麟阁排名第一）的旧例安葬了王猛。

五是遵照王猛生前的旨趣。《资治通鉴·晋纪二十五》载，晋孝武帝宁康三年（公元375年），王猛去世后不久，苻坚下达诏令说：“朕新丧贤明的辅佐（指王猛），有关部门中不称朕心的，可以在未央宫以南设置听讼观，朕五天亲临一次，以访求隐没在民间的贤才。如今天下虽然还没有大定，但权且可以偃武修文，以符合武侯王猛高雅的旨趣。应该进一步尊崇儒家学说，禁止老子、庄子及图谶之学，有犯者斩首示众。”于是精选生员，太子以及公侯百官的子弟全都就学受业；朝廷内外的将士，全都命令他们参加学习。每二十人配备一名经生，负责教授诵读音句。后宫也设置学官，用来教授妃嫔；选择宦官以及女仆中的聪慧者，让博士教授他（她）们学习经书。

《资治通鉴·晋纪二十六》还载，晋孝武帝太元元年（公元376年）二月，苻坚下诏说：“朕听说，推行王道的君主‘劳于求贤，逸于得士’（在寻求贤能的人时辛劳，得到人才后就安逸了）。这话得到了验证啊！过去我得到了丞相王猛，经常说帝王容易做。自从丞相去世后，我已经操劳得胡须头发都半白了，每想到丞相，不觉酸楚悲痛。如今天下既然没有丞相，政治教化或许会陷于沦废，可以分派侍臣巡视各郡县，询问民间疾苦。”从这可以看出，苻坚对王猛确实很有感情，念念不忘。

在中国古代，君臣关系非常重要，直接影响国家大业。对于君臣关系，孔子曾说：“君使臣以礼，臣事君以忠。”（《论语·八佾》）意思是，君主以礼对待臣子，臣子就会以忠对待君主。孟子也说：“君之视臣如手足，则臣视君如腹心；君之视臣如犬马，则臣视君如国人；君之视臣如土芥，则臣视君如寇仇。”（《孟子·离娄下》）意思是，君主将臣子看作手足（表明重视情分），则臣子就将君主看作腹心；君主将臣子看作犬马（表明把臣子当奴才），则臣子就将君主看作普通人；君主将臣子看作土芥（表明不把臣子当回事），则臣子将君主看作仇人。这表明，孔子、孟子认为君臣关系是对等的。君主以什么样的态度对待臣子，臣子也会以什么样的态度对待君主。

现代社会大多数国家虽然没有君臣关系，但是领导与部属的关系还是存在的。君臣关系也适用于领导与部属的关系。《尚书·益稷》中讲：“元首明哉，股肱良哉，庶事康哉！”这告诉我们，如果元首圣明、股肱贤良，则天下万事都会兴旺啊！因此，领导与部属之间一定要明良合德、关系友好，这不仅是大秦天王推诚待贤给我们的启示，更是管理者应当留意的团队管理心法。

唐太宗：恩威并施，人性管理

唐太宗能集聚人才，团队管理非常成功。唐太宗在团队管理中，有一个很明显的特征，就是从人性出发，恩威并施。司马光在《资治通鉴》中记载了不少这样的例子，其中以对待尉迟敬德比较典型。

《资治通鉴·唐纪四》载，武德二年（公元619年），永安王李孝基攻打吕崇茂，吕崇茂求救于刘武周手下大将宋金刚，宋金刚派遣部属尉迟敬德（尉迟恭，字敬德）、寻相率军赶到夏县，李孝基腹背受敌，于是打了大败仗，李孝基、独孤怀恩、于筠、唐俭以及行军总管刘世让都成了俘虏。尉迟敬德、寻相将要返回浍州，秦王李世民派遣兵部尚书殷开山、总管秦叔宝等人在美良川截击，大败尉迟敬德，斩首两千多人。

武德三年（公元620年），宋金刚军中粮食吃完了，于是向北逃走，秦王李世民率军追击，在吕州追上寻相，将他打得大败。后又在雀鼠谷追上宋金刚，一天八战，都胜利了，杀死和俘虏共几万人。秦王李世民又率军追赶到介休，宋金刚还有两万人，李世民派总管李勣出战不利，于是自己率领精骑从宋金刚背后袭击，大败宋金刚，唐军杀了三千人，宋金刚骑马逃走。尉迟敬德聚集残兵守介休，李世民派遣任城王李道宗、宇文士及前往晓谕劝降，尉迟敬德与寻相以介休、永安二县降唐。李世民得到尉迟敬德，很是高兴，任命尉迟敬德为右一府统军，让他统领旧部八千，与各营杂在一起。屈突通担心尉迟敬德会生变故，多次进言，但李世民不听。

不久寻相等又背叛了李世民。李世民麾下诸将都猜疑尉迟敬德会叛逃，便将他囚禁在军中。行台左仆射屈突通、尚书殷开山向李世民进言说："尉迟敬德骁勇善战，现在既然将他囚禁了，他心中必生怨恨，留着他恐怕有后患，不如杀了他。"李世民说："不能这样，尉迟敬德如果想背叛早就逃走了，难道还会在寻相之后背叛吗？"于是下令释放尉迟敬德。

李世民还将尉迟敬德引入自己的卧室，赏赐他黄金，对他说："大丈夫生于天地间，应当意气相投，不要将这些小小的嫌隙放在心上，我终究不会相信这些谗言来害像你这样的忠良，你应当体会我的心意。如果你确实想走，这些黄金就算我给你的一些费用，以表我们曾经共事的一点情意。"于是，尉迟敬德心怀感激，誓死追随李世民。

这一年，李世民率五百骑兵巡视战地，登上北魏宣武帝陵，王世充率领一万多骑兵突然而至，将李世民围起来，王世充手下大将单雄信挺长槊直奔李世民，尉迟敬德跃马大呼，横刺单雄信使其坠马，王世充的军队稍稍退却，尉迟敬德护卫李世民突出包围。李世民、尉迟敬德重新率骑兵回击，出入王世充阵营，往返如入无人之境。屈突通率大军相继赶到，王世充的军队大败，只身逃脱。唐军活捉王世充的冠军大将军陈智略，斩首一千多，俘虏排兵六千。李世民对尉迟敬德说："您回报真是快啊！"于是赏赐尉迟敬德，自此尉迟敬德受李世民宠遇日隆。

《资治通鉴·唐纪六》载，武德五年（公元622年），秦王李世民与刘黑闼相持六十多天。刘黑闼秘密派军突袭李勣军营，李世民率军攻击刘黑闼后军以救李勣，反被刘黑闼所围，尉迟敬德率领壮士冲进包围圈营救李世民，李世民与略阳公李道宗乘机出包围圈脱险。

《资治通鉴·唐纪七》载，武德九年（公元626年）六月，李建成、李元吉因为秦王府多骁将，想以利诱为己所用，暗中将一车金银器赠给左二副护军尉迟敬德，并写信招引他，被尉迟敬德以秦王李世民对自己有再生的恩德而拒绝，李建成非常生气。尉迟敬德将此事报告李世民，李世民说："您的心如山岳，即使赠给您再多的黄金，我也知道您的心不会动摇。"不久李元吉派遣壮士夜晚行刺尉迟敬德，尉迟敬德知道，便将层层门户打开，但刺客不敢进入。李元吉又在唐高祖面前诬陷尉迟敬德，尉迟敬德被关进监狱将要被杀，李世民坚持请求保全尉迟敬德，尉迟敬德才得以不死。李建成、李元吉又在唐高祖面前诬陷程知节、房玄龄、杜如晦等人，使他们被调离秦王府。

这时，李世民的心腹唯有长孙无忌尚在府中，长孙无忌与其舅雍州治中高士廉及尉迟敬德等，日夜劝李世民诛杀李建成、李元吉。恰逢突厥入侵边塞，包围乌城。李建成于是推荐李元吉代替李世民督师各军征伐，唐高祖同意了。李元吉奏请尉迟敬德、程知节、段志玄及秦府右三统军秦叔宝等一起同行，检阅并挑选秦王军中帐下精锐之士来增强李元吉的军队。在李建成、李元吉的不断逼迫下，长孙无忌、尉迟敬德劝李世民不要临难不决，李世民便下定决心发动政变，并密召房玄龄、杜如晦。

在玄武门政变中，李世民射杀李建成后，尉迟敬德率领七十骑兵赶到，左右射李元吉使其落马。李世民的马跑到树林下，被树枝挂住，李世民倒在地上不能起来。李元吉迅速赶到，夺过弓将要扼杀李世民，这时尉迟敬德跃马奔来呵斥，李元吉想步行逃到武德殿，尉迟敬德追着射他，将他杀死。这时，唐高祖正在泛舟海池，李世民派遣尉迟敬德入宫宿卫，尉迟敬德身披铠甲，手握长矛，直奔唐高祖所在地方。唐高祖大惊，问道："今天作乱的是谁？你来此何干？"尉迟敬德回答说："秦王因为太子、齐王作乱，举兵诛杀，担心惊动陛下，派遣臣来宿卫。"此时宿卫及秦王府军队与太子府、齐王府的军队交战还没有停止，尉迟敬德请唐高祖写下手敕，令诸军接受秦王处分调度，唐高祖听从了。天策府司马宇文士及出来宣布唐高祖敕令，众军才停止战斗。

玄武门政变后，秦王李世民被唐高祖立为太子，政令皆由李世民决定。不久，朝廷任命秦王府护军秦叔宝为左卫大将军，又任命程知节为右武卫大将军，尉迟敬德为右武侯大将军。

《资治通鉴·唐纪十》载，贞观六年（公元632年）九月，唐太宗到自己出生的旧宅庆善宫，和显贵们一起宴乐赋诗，又让表演乐舞《九功之舞》等。当时同州刺史尉迟敬德也参加宴会，有人的席位列在他之上，尉迟敬德大怒说："你有什么功劳，坐在我的上面！"任城王李道宗坐在他的下位，劝说调解，尉迟敬德用拳头殴打李道宗，李道宗眼睛几乎被打瞎。唐太宗很不高兴而罢宴，对尉迟敬德说："朕见汉高祖诛杀功臣，内心里很是痛恨这种做法，因此想与卿等共保富贵，使子孙绵延不绝。然而卿身居高官却数次犯法，于是知道韩信、彭越被诛杀，并非汉高祖的罪过。国家的纲纪，只在于赏与罚，即使是特殊的恩遇也不可以数次得到，希望你好自为之，修身约束，不要留下后悔。"尉迟敬德从此开始畏惧而收敛自己。

尉迟敬德以前的行为，还是给自己带来了一些负面影响。《资治通鉴·唐纪十一》载，贞观十三年（公元639年），唐太宗对尉迟敬德说："有人说卿要谋反，这是为什么？"尉迟敬德说："臣谋反是实！臣跟从陛下征伐四方，身经百战，如今身上都是刀箭之伤的痕迹。天下已经安定，难道怀疑臣谋反吗？"因此脱下衣服放在地上，展示身上的伤疤。唐太宗为此而流泪，说："卿穿上衣服，朕不怀疑卿，才告诉你，何必这样难过，感到遗憾呢？"

从以上可以看出，唐太宗对尉迟敬德主要是以恩情管理，而尉迟敬德也懂得感恩，多次救过李世民，且在"玄武门之变"中立下了头号战功。但在贞观六年的一次宴会上，尉迟敬德居功自傲，为了座位殴打劝解的任城王李道宗，因此唐太宗开始对尉迟敬德用威慑管理，使得尉迟敬德惧而束己。后来唐太宗在凌烟阁图画功臣，尉迟敬德排名第七，可以说唐太宗也非常善待功臣。

实际上，在团队中，有各种各样的人，且人性有善有恶，就是同一个人在不同时间也可能出现善恶不同的行为。如何实行人性化管理？如果只有宽仁，会使团队人员过于松弛，这就是孟子所说的"徒善不足以为政"；如果只有威慑，会使团队凝聚力减损，甚至出现人人离心的情况。必须有儒家恩情方面的管理，从正面关心鼓励；同时也要有法家的威慑方面的管理，对不正确行为敢于惩戒。这也就是人们常说的恩威并施。观唐太宗对尉迟敬德恩威并施，君臣关系善始善终，作为王者可以效仿啊！

唐玄宗：为治有体，不越职分

司马光在《资治通鉴·唐纪二十七》中评价说：“姚崇和宋璟相继为相，姚崇善于应变以办成大事，宋璟则善于谨守法度，坚持正道。两个人志向、操行，虽然各不相同，但都同心协力辅佐唐玄宗，使得这个时期赋役宽松，刑罚减省，百姓富足，人口增多。唐代的贤相中，前有房玄龄和杜如晦，后有姚崇和宋璟，其他人没有谁能比得上。”

从上可以看出，唐玄宗前期在团队管理中很是成功，能让贤相姚崇、宋璟同心协力辅佐自己，并造就了“开元盛世”。唐玄宗前期在团队管理中有一个很重要的特点就是信任贤相，并且为治有体，让贤相有权，自己不越职分。司马光在《资治通鉴》中记载了唐玄宗这样的事例。

《资治通鉴·唐纪二十六》载，开元元年（公元713年），唐玄宗任命姚元之（姚崇）为兵部尚书、同中书门下三品（宰相）。

姚元之处理政事精明干练，曾三次为宰相，而且都兼任兵部尚书，他对边境屯兵之地和侦察哨所以及士兵、马匹、仓储、器械的数量，无不默记在心。唐玄宗刚刚即位，励精图治，每次遇到事都要访问姚元之，姚元之应答非常响亮，同僚只是唯唯诺诺而已，因此唐玄宗就一心信任他。

姚元之请求削夺受宠的权贵之家的权势、珍惜爵位赏赐、采纳臣子的进谏诤言、拒绝接受进献的贡品、不与群臣开轻慢的玩笑，唐玄宗都予以采纳。

姚元之曾经奏请依照顺序提拔郎吏，唐玄宗仰视宫殿屋顶不作声，姚元之再三请示，但唐玄宗终究不回答。姚元之感到恐惧，急忙退出。罢朝之后，高力士劝谏说：“陛下刚刚总揽万机国事，宰相奏事，当面请示可否，为什么您不加以省察呢？”唐玄宗说：“朕委任姚元之处理各种政事，大事应当奏闻，共同商议，至于郎吏是小官，还一一来烦扰朕吗？”恰逢高力士到宰相办公的地方宣谕诏命，他将唐玄宗的话转达给了姚元之，姚元之于是高兴起来。听说这件事的人都佩服唐玄宗懂得为君之道。

由此可见，唐玄宗主要是抓大事、议大事，并不要求宰相凡事都汇报请示。虽然看起来很简单，其实并不简单。因为不少帝王猜忌心、疑心太重，常常不信任百官，不舍得放权，每件政事都自己决断。

比如齐明帝。《资治通鉴 · 齐纪六》载，齐明帝“躬亲细务”，要求也很烦琐，于是郡县及朝廷六署、九府的日常事务，无不上奏报告，都取决于他的诏令手敕。文武官员、功臣旧臣的选用，都不归吏部，而是凭借亲戚关系，互相交结而援进。南康王的侍郎、颍川人钟嵘上书劝谏齐明帝说：“古时候，圣明的君主根据臣子的才能而分派政事，量能授职，三公坐而论道，九卿分工执行，而天子只是恭己南面，无为而治。”上奏之后，齐明帝很不高兴，问太中大夫顾暠：“钟嵘是什么人，想干涉朕的机务，卿认识不？”顾暠回答说：“钟嵘虽然地位卑微，而他所说的或许有可以采纳的。况且，那些繁重琐碎的政事，都各有部门来负责，如今君主您总揽过来而亲自处理，这会导致君主越来越劳累而臣子越来越安逸，这正所谓‘代庖人宰而为大匠斫’（《道德经》，意思是代替厨师宰割，代替木匠斫削）。”但是，齐明帝听后却“不顾而言他”。

另外，还有一些是因其他原因导致执政者每件事都自己决断的。比如《资治通鉴 · 后周纪三》载，显德元年（公元954年），周世宗因没有按照朝中群臣所议而击破北汉，“自是政事无大小皆亲决，百官受成于上而已”。就是说，周世宗从这以后政事无论大小全都亲自决断，文武百官只是从他那里接受成命而已。这时，河南府推官（司法官员）高锡上书进谏，认为：“天下广大，日常政务很多，即使尧舜也不能独自治理，一定要选择人才来任用，以共同治理。如今陛下对每件政事都亲自处理，天下人不称陛下聪明睿智足以兼负百官之任，都说陛下狭隘多疑猜忌不相信群臣。”周世宗没有听从，仍是事必躬亲、一人独断。周世宗寿命不长，应当说与他这样做是有关系的，加上他又急于统一全国，日夜操劳，所以三十八岁就去世了，确实可惜！

其实，在团队管理中，有一条就是各司其职，上下不侵，也就是上级不要越位干了下级的事，下级也不能越位干了上级的事。《资治通鉴·魏纪二》载，黄初四年（公元223年），诸葛亮亲自校对簿书公文，主簿杨颙劝谏说：“为治有体，上下不可相侵。以治家作比喻，如今有人，让奴仆耕田种庄稼，婢女负责烧饭，雄鸡负责报晓，狗吠咬盗贼，牛负责拉车，马负责跑远路，则私家无一旷废，所求都能够得到，悠闲自得，高枕无忧。忽然有一天，对所有的事情都要亲自去做，陷身琐碎事务之中，结果劳累了自己的身体，形体疲惫，精神困顿，而终无一成。难道是他的才智不如奴婢等吗？是他失去了作为一家之主的职责。所以古人说‘坐而论道的称为王公，作而行之的称为士大夫’。因此，丙吉不问横道死人而忧牛喘，陈平不肯知钱谷之数，都说各有部门负责。他们都真正懂得职责有分工。如今您治理国家，亲自校改簿书公文，终日流汗，不是太劳累了吗？”诸葛亮深深表示感谢。当然，诸葛亮是受托孤之重，唯恐他人不像自己这么尽心，所以才这么做的。而诸葛亮最终因此而劳累过度去世。

杨颙的这段话讲了典故：丙吉不问横道死人而忧牛喘。说的是，汉宣帝时的丞相丙吉有一次外出，路上看到一大群人斗殴，他说不要管；后来碰上有人正在赶牛，那牛气喘吁吁，热得吐出舌头，丙吉让人停下车子，让手下去问赶牛人：“赶牛走了几里了？”手下都很奇怪：丞相该问的不问，不该问的却问，那么多人打架你不管，却过问一头牛？丙吉说：“百姓互相争斗，死伤了人，这当由京兆尹去管，我的职责是考察他们的政绩。现在是早春，不应该出现很热的天气，可是牛没跑多远就喘气吐舌，这说明时令节气反常，恐怕于农事不利。作为三公的丞相，正是要掌管调和阴阳之事啊！”于是手下人都很佩服，认为丙吉是个识大体的人。(《汉书 · 丙吉传》) 司马光在《资治通鉴 · 汉纪十八》中对丙吉也有一句评价：“(丙) 吉上宽大，好礼让，不亲小事，时人以为知大体。”

以上事都说明，执政者必须遵守治体，履行好自己的职责，不能事必躬亲，越职干了部属的事。

人非全能，且时间和精力有限。因此，作为王者，切不可像齐明帝、周世宗那样事必躬亲，每件政事均由自己决断，要效仿唐玄宗识大体、抓大事，信任贤能，敢于放权、授权，这样上下都各尽其职，而且团队也能得到很好的管理。

九 统御管理心法

所谓统，就是统领，如统兵治军；所谓御，就是治理，如贾谊《过秦论》中“振长策而御宇内”即此意。合起来，统御就是统率、统治之意。

在中国古代有非常好的统御管理之道。从古典经籍和历史实践看，主要有以下三个方面。

一是刚柔并用。《尚书·洪范》中讲了国家治理九种大法，其中第六种是用三德：一是正直，二是刚毅，三是柔和。像周朝和秦朝统治者都未能善用“三德”之统御智慧，一个过于柔弱而亡，一个则过于刚暴而亡。

二是宽严并济。孔子说：“政宽则民慢，慢则纠之以猛。猛则民残，残则施之以宽。宽以济猛，猛以济宽，政是以和。”意思是，政策宽大民众就怠慢，民众怠慢就用刚猛的政策来纠正。政策刚猛民众就受伤害，民众受伤害了就用宽大的政策。用宽大来调和严厉，用严厉来补充宽大，政治因此而调和。像历史上汉文帝、汉景帝，及康熙帝、雍正帝这两对父子，一宽一紧，一松一严，搭配得好，造就了治世。

三是赏罚并施。赏罚是治国的利器。像汉宣帝、唐太宗等明君都充分发挥赏罚的作用，使国家大治。史学家司马光曾在宋仁宗嘉祐六年（公元 1061 年）上《言御臣上殿札子》，特别指出：“臣闻致治之道无它，在三而已：一曰任官，二曰信赏，三曰必罚。”这就是达到治世的三条治国之道。

当然还有其他很重要的统御管理心法。司马光在《资治通鉴》中也记载了不少君王的统御管理心法，值得借鉴，这里列举一些。

齐威王：善用赏罚，国治兵强

齐威王是战国时的贤君。他在位时，国治兵强，任用孙膑为军师在桂陵用“围魏救赵”之策，在马陵用“减灶法”先后两次击败强魏（《资治通鉴·周纪二》）。

司马光在《资治通鉴》中记载了齐威王的统御管理心法，那就是善用赏罚。

《资治通鉴·周纪一》载，周烈王六年（公元前370年），齐威王召见即墨大夫，说：“自从你到即墨任职，诋毁你的话每天都有传来。但是我派人去察看即墨，见到田野开辟得很好，百姓丰足自给，官府无事，齐国的东面因而十分安定。因此我知道你遭诋毁是由于你不侍奉我的左右以谋求援助。”于是便封赏即墨大夫享用万户的俸禄。齐威王又召见阿地的大夫，说：“自从你任阿地的太守，称赞你的话每天都有传来。但是我派人去察看阿地，见到田地荒芜，百姓贫困饥饿。以前赵国攻打鄄地，你不救；卫国夺取薛陵，你不知道。因此我知道你受称赞是由于用重金来侍奉我的左右以求声誉！”当天，齐威王下令烹死阿地大夫及曾经称赞阿地大夫的左右近臣。

从以上可以看出，齐威王考察干部不是听左右怎么说就怎么信。而是派人真正去看，才察看到实情，而且所派的人还不是那些左右进行毁誉的人，确保能得到实情。在实情面前，齐威王封即墨大夫、烹阿地大夫非常干脆利落，他“赏有功、罚有罪”，绝不滥施赏罚，绝不讲情面。而且他不仅惩罚了阿地大夫，还一起惩罚了那些收了阿地大夫的好处、经常夸赞阿地大夫的左右近臣。这样做的重要意义在于，谁如果收了好处而乱讲话，谁为虎作伥，也必定承担责任而遭受严厉惩罚。

齐威王一赏一罚的效果怎么样呢？司马光在《资治通鉴·周纪一》中讲："自此，群臣人人震惊恐惧，行事再也不敢像以前一样了。在地方任职的及左右近臣，没有谁敢作假、欺诈，都陈述全部真实之情，各尽其职，因此'齐国大治，强于天下'。"

《史记·田敬仲完世家》还载："诸侯闻之，莫敢致兵于齐二十余年。"也就是说，诸侯听到这件事后，不敢对齐国用兵有二十多年。所以，君主统御管理并不复杂，赏赐应该赏赐的人，则天下的人都会去效仿；处罚应该处罚的人，则天下人都会以此为戒。

赏罚作为治国的两大权柄很受司马光重视，司马光在《资治通鉴》中特别留意君主的赏罚，多次进行评论，并以"臣光曰"批评得较多，但更主要的是强调赏罚的重要性。

比如批评晋武帝赦免山涛而褒奖李憙在刑赏两方面都失误时，司马光在《资治通鉴·晋纪一》中说："政之大本，在于刑赏，刑赏不明，政何以成？"意思是，执政的大本在于刑赏，刑赏不严明，政治如何能有成效？

又如批评前秦王苻坚赦免反叛的苻洛一事时，司马光在《资治通鉴·晋纪二十六》中感叹说："夫有功不赏，有罪不诛，虽尧、舜不能为治，况他人乎！"意思是，有功不赏、有罪不杀，即使是尧舜这样伟大的圣王也不能实现大治，何况其他人呢！

司马光还认为信赏、必罚是达到治世的治国之道。司马光在《资治通鉴·汉纪四十九》中有一段评论（"臣光曰"），他指出："明王之政，谨择忠贤而任之，凡中外之臣，有功则赏，有罪则诛，无所阿私，法制不烦而天下大治。所以然者何哉？执其本故也。"意思是说，圣明君王执政，谨慎选择忠良贤能而任用，朝廷内外之臣凡是有功的就奖赏，有罪的就诛杀，没有任何偏私，法令制度不多而天下大治。为什么会这样呢？是因为抓住了根本。

在统御管理中，如何调动人的积极性？一直是领导者绕不开的话题。西方哲学家马斯洛关于激励的理论有一个著名的“需求层次论”，指的是生理需求、安全需求、情感和归属需求、尊重需求、自我实现需求五个层次，以及最高层次的自我超越需求。我们中华文化关于激励的理论很简单，就两个字：赏罚。

赏罚是统御管理常用的两种方法，堪称两大利器，就像西方所说的“胡萝卜”与“大棒”一样。善用赏赐，贤人就会更加努力；善用惩罚，奸佞小人就会收敛。赏罚不当，贤能之士得不到鼓励，奸佞之徒不会收敛。因而没有赏罚，就会导致无人愿意做善事，恶人则到处横行，社会就会混乱。所以，赏罚必须严明公正，有功则行赏，有罪就处罚，“赏不加于无功，罚不加于无罪”；必须适中合理，赏不能过分，而罚不能滥用，滥赏滥罚均不可取；必须劝善惩恶，如果能够劝善，即使憎恶他，也应当奖赏，反之如果能够惩恶，即使喜欢他，也应惩罚。只有这样，才能做好统御管理。作为王者，应当效仿齐威王善用赏罚，因为这是统御管理心法的重要秘诀。

汉高祖：约法三章，开汉基业

“约法三章”这个成语讲的就是汉高祖刘邦，他与秦地百姓和当地豪杰约定三条法律，秦民因此唯恐刘邦不为秦王。可以说，“约法三章”是开汉基业的根本，同时也是统御管理的精华所在。司马光在《资治通鉴》中很是关注，记载了此事。

《资治通鉴·汉纪一》载，汉高祖元年（公元前206年）十月，刘邦在攻克咸阳后，看到秦宫的宫室、帷帐、狗马、贵重宝器和宫女数以千计，便想留下来在皇宫中居住。后来听从樊哙、张良劝谏率军返回灞上。

十一月，刘邦召集各县的德高望重的父老和地方的豪杰好汉，对他们说：“父老们苦于秦朝的苛虐法令已经很久了，我和诸侯们约定‘谁先入关破秦的谁就在这里称王’，我最先入关破秦，应当在关中称王。现在我和父老们约法三章‘杀人的处死，伤人和抢劫的抵罪；其余的秦朝烦苛的法律全部废除；所有官吏和百姓都像往常一样，安分守职，不必迁动。我之所以到这里来，是为父老们除害的，不会有任何侵害的行为，请你们不要担心害怕！而且我之所以还军灞上，是为了等待诸侯到来制定约束的纪律。”于是派人和原来的秦朝官吏一起到各县、乡、村邑告诉百姓，使他们都知道这个“约法三章”。秦地的百姓都非常高兴，争相送来牛、羊、酒食，献与刘邦，犒飨慰劳军士。刘邦又推让不接受，说：“现在仓库里的粮食还很多，不缺乏，不想要让百姓破费。”百姓更加高兴，唯恐刘邦不在关中做秦王。

对于汉高祖的“约法三章”，明代大学士张居正等编撰的《通鉴直解》

中说："汉高祖初入秦之关中便深得民心，关中百姓唯恐他不为秦王。这是因为秦朝无道，比如批评朝政、诽谤君上政令的要灭族，相聚议论诗书的要处以死刑，而且还有连坐等法令，太多的严刑酷罚使百姓生活得非常紧张、不自由，百姓正痛苦煎熬呢！而汉高祖一旦待百姓宽厚，百姓就像久旱逢甘霖一样，没有不欢欣而仰慕爱戴的！《尚书》中说：'厚待我的，我就跟随他；虐待我的，我就以他为仇。'秦朝的严酷刑罚多诛杀百姓，这正是驱赶百姓都心向往刘邦的汉室。汉朝四百年的基业，就是在这'约法三章'中建立起来的啊！"

张居正为什么这样说呢？一方面，关中的百姓相信刘邦是为了除暴安民而来的，不是以暴易暴，不是灭了一个强盗又来了一个强盗。这使得刘邦深入民心。另一方面，与后来的项羽相比，刘邦宽仁得多，因为项羽不仅坑杀了秦朝的降卒，而且放火焚烧了秦朝的宫室达三个月，并将秦宫的宝物、妇女席卷而带走，关中的百姓对项羽大为失望。

所以，刘邦听从樊哙、张良之劝谏还军灞上以及"约法三章"，是变危机为生机的关键之举，是汉朝大业的开基之举。

晋朝时割据蜀地的李特也曾效法汉高祖。《资治通鉴·晋纪六》载，当时，晋朝的益州刺史罗尚向来贪婪残暴，成为百姓的祸患。而李特"与蜀民约法三章"，施舍百姓，赈济、赈贷，礼敬贤士，提拔怀才不遇之人，军政肃然。蜀地百姓大为高兴。

汉高祖刘邦的"约法三章"，虽然简易，却蕴含了极为丰富的统御管理之道。

首先，它体现了大道至简。政事只要掌握大原则就行了，管得太多，注意力分散，反而把简单复杂化，以致决策失误。而只有少而简单，方可把握根本、抓住要害。我们只要看看历史上的政治纲领就知道简易的魅力。比如元末明初朱升的"高筑墙，广积粮，缓称王"，孙中山的"三民主义"，毛泽东的"打土豪，分田地"，就是如此。这些纲领虽简易，却抓住了当时最根本的政治问题。只有将复杂的问题弄得更加简易，才能更加深入人心。

其次，它体现了平易近民。我们知道，刘邦的“约法三章”是基于秦朝的法令烦苛而提出的。实际上，法令越繁杂，百姓忌讳就越多，就越难执行。只有平易近民的法令，才能更容易被百姓所掌握，也才能真正得到贯彻。“约法三章”的原理正在于此。北宋政治家范仲淹《用天下心为心赋》中说：“彼惧烦苛，我则崇简易之道。”实际上，越是平实的，越是简易的，越贴近百姓，越受百姓欢迎。

最后，它体现了管理之要。我们都知道，管理离不开制度规矩，立制度规矩是管理的重要前提。用制度规矩管人远比用人管人要好得多，而且也省心得多。没有制度规矩，就会散漫无纪律。但是制度规矩太多，也会让被管的人看得不耐烦，而且也不易记住，还会感到处处受压抑。因而，从管理学角度来看，最重要的制度规矩不能超过三条。所以，汉高祖了不起，他制定的“约法三章”政策，百姓易记、易知、易行，符合管理学的精髓。

“约法三章”的精髓在于宽大、简易、便民。实际上，国家治理的根本在于为民兴利除弊，行简易之政，方便百姓。然而历史上不少执政者却忘了这个要旨，往往为了追求个人的政绩或个人享受，急功近利，好大喜功，徭役赋税都很重，有的甚至穷兵黩武，严刑酷罚，给百姓造成了很多痛苦，如秦始皇、隋炀帝便是如此。作为王者，应当效仿汉高祖“约法三章”，剪除烦苛，力行宽大、简易、方便，让百姓得到休养生息，这才是最大的惠泽，也只有这样，才能得到百姓真心的支持和拥护。这即刘邦“约法三章”蕴含的统御管理心法。

汉文帝：奉守法度，不徇私情

所谓法度，就是法律制度。奉守法度包括维护法度、执行法度等，是统御管理的基本方略。《黄帝四经·经法·君正篇》载：“法度者，正之至也。而以法度治者，不可乱也。而生法度者，不可乱也。”就是说，法度是至为公正的。用法度来治理国家的人，不可乱法；制定法度的人，也不可乱法。汉文帝秉持黄老之学治国，自觉维护法度，不因自己是皇帝而乱法，并执行法度不私亲，可谓后世帝王榜样。司马光在《资治通鉴》中记载了汉文帝奉守法度、不徇私情的一些事迹。

一方面，维护法度不乱法。《资治通鉴·汉纪六》载，汉文帝三年（公元前177年），汉文帝任命张释之为廷尉（汉代最高司法审判机构长官，为九卿之一）。有一次，汉文帝出行经过中渭桥，有一人从桥下跑出来，皇帝所乘车的马匹受到惊吓。于是，汉文帝派遣骑士追捕到那个人，并将他送交廷尉治罪。张释之奏报说：“此人违犯了帝王出行时开路清道的规定，应当处以罚金。”汉文帝大怒说：“这个人直接惊吓了我乘车的马，幸赖这匹马脾性温和柔顺，假如是其他的马，岂不伤害到我吗！而廷尉却只判处他罚金！”张释之解释说：“法，是天下共同遵守的（‘法者，天下公共也’）。按照现在的法度，这个人就是这样判处的。如果更改而重判，则法度不能取信于百姓。现在您把他交给廷尉，廷尉是天下公平的地方，如果倾斜，天下适用法度就可轻可重，百姓将会手足无措！请陛下明察！”汉文帝考虑良久说：“廷尉应当这样。”

还有一次，有个人因偷盗汉高祖庙前神位的玉环被抓住了，汉文帝发怒，交给廷尉治罪。张释之按照法律规定的“偷盗宗庙服御器具”之罪上报皇帝，判处死刑。汉文帝大怒说：“此人竟敢偷盗先帝器物，我将他交给廷尉审理，是想诛灭他的全族；而你却依法判他死罪，这不是我恭敬宗庙的本意。”张释之免冠叩头谢罪说：“依照法律这样处罚已经够了。况且，同样的罪名，也要区别犯罪程度的轻重。现在此人以偷盗宗庙器物就要被灭族，若万一有愚昧之人从高祖的长陵上取了一捧土，陛下将怎样惩罚他呢？”于是，汉文帝向太后谈到这件事，同意了张释之的判决意见。

从汉文帝听从张释之的判决意见可以看出，汉文帝确实带头做到了维护法度不乱法。《资治通鉴·汉纪十六》中讲到“张释之为廷尉，天下无冤民”，这也要归功于汉文帝。

另一方面，执行法度不私亲。《资治通鉴·汉纪六》载，汉文帝十年（公元前 170 年），将军薄昭（汉文帝舅舅）杀了汉朝廷的使者，汉文帝不忍心杀他，就派公卿去与他饮酒，想让他自杀，薄昭不肯自杀。汉文帝又派群臣穿着丧服，到他家中大哭，薄昭才自杀。

司马光就此有一段评论（“臣光曰”），他先引用李德裕（唐朝名相）对这件事的看法，李德裕认为：“汉文帝杀薄昭，确实很果断，但却有损于义。当年秦康公送晋文公返国时，曾发出这样的感叹：见到舅父，似乎母亲仍然在世一样。何况当时文帝的母亲薄太后还健在，她只有这一个弟弟薄昭，汉文帝杀薄昭毫不留情，这不是孝顺母亲的做法。”但司马光并不赞成李德裕的看法，他认为：“法者，天下之公器，惟善持法者，亲疏如一，无所不行，则人莫敢有所恃而犯之也。”就是说，法律是天下共同遵守的准绳。善于护持法度的人，无论亲疏都一样，没有不通行的，这样就没有人有所依仗而触犯法度。司马光还说，如果汉文帝赦免了他，那与后来成帝、哀帝之世朝纲废弛的局面又有什么不同呢！

“法削则国弱”，这是战国时名将赵奢的经典之论（见《资治通鉴·周纪五》)。比赵奢稍后的韩非子也提出:“国无常强,无常弱。奉法者强,则国强;奉法者弱,则国弱。”(《韩非子·有度》)《资治通鉴·周纪二》就记载了“奉法者强”的一个例子。商鞅变法时,秦国太子触犯法律,商鞅因太子是国君的继承人,不能施以刑罚,便对他的老师公子虔、公孙贾处以刑罚。自此秦国人都遵从法令。新法施行十年,秦国出现了路不拾遗、山无盗贼的太平景象,百姓勇于为国作战,不敢再行私斗,乡村城镇都得到了治理。

那么,“法削”为什么会出现“国弱”呢?我们知道有一个“破窗理论”,讲的是,如果有人破坏了一个建筑物的一扇玻璃窗户,而这扇窗户不能得到及时的维护,就会有更多的人去打烂更多的窗户玻璃。“破窗理论”告诉我们,法度的破坏一旦开了头,就会有更多的人效仿。久而久之,众人觉得法度不过是橡皮图章,就不再有人遵守法度。没有人遵守法度,那么这个国家必定会混乱无序,而混乱无序的国家必然走向衰弱。历史上,因为君主不守法度,凭一己之好恶而导致国家衰弱的例子太多了。

《管子·任法篇》指出:“圣君任法而不任智……任公而不任私,任大道而不任小物,然后身佚而天下治。”意思是,圣明君主任用法度而不任用智谋,任用公正而不任用私情,任用大道而不任用小物,这样才能自身安闲而天下得到治理。《管子·任法篇》还明确提出:“君臣、上下、贵贱皆从法,此谓为大治。”就是说,君臣、上下、贵贱都遵从法度,这就可称为“大治”。这是真正的法律面前人人平等,是管子与法家的重大区别。商鞅、韩非等法家的观点则认为君主独立在法度之外。从《管子·任法篇》中可知,任用法度、遵从法度,才可达到治世。

前人总结统御管理的境界层次时说了一句很富有哲理的话:“小智治事,中智治人,大智立法。”也就是说,在统御管理中,小的智慧是处理好具体的事情,中等智慧是处理好用人的事情,大的智慧是处理好法度的事情。作为王者,应当效仿汉文帝奉守法度、不徇私情,知晓“法削则国弱”的道理,运用好“热炉原理”(如果有人胆敢违背法度,必定遭受严厉的惩罚,就像用手去摸热炉，必定会感到灼痛），使人人自觉遵从法度，这样统御管理就不是难事。

汉昭帝：明察秋毫，识别忠奸

所谓明察秋毫，就是目光敏锐，能洞若观火、洞烛其奸、洞察一切。只有做到明察秋毫，才能分清贤能与奸佞，才能保证不被蒙蔽。在中国历史上，有一位帝王堪称明察秋毫，这便是汉昭帝刘弗陵。汉昭帝是汉武帝的小儿子，八岁时登基为帝，十四岁时他明察秋毫，粉碎一场阴谋，使汉室王朝避免了一场政治危机。这件事充分显示了汉昭帝的统御管理智慧，堪为后世之表率。司马光在《资治通鉴》中对这件事的起因、经过进行了详细记载。

《资治通鉴·汉纪十四》载，后元二年（公元前87年），汉武帝临终托孤，以霍光（名将霍去病的异母弟弟）、金日磾、上官桀三人辅助少主，封霍光为大司马、大将军，金日磾为车骑将军，上官桀为左将军，并以桑弘羊为御史大夫，四人皆受遗诏。

但后来，霍光与上官桀父子、桑弘羊却结了怨，导致上官桀父子、桑弘羊等人联合盖长公主、燕王刘旦合谋陷害霍光。

那么霍光是怎么和他们结怨的呢？《资治通鉴·汉纪十五》载，起初，霍光与上官桀相互亲善。霍光每当休假，上官桀常代替霍光入朝决断政事。而且两人是亲家，霍光的女儿是上官桀儿子上官安的妻子。这说明两家关系很亲近。但是后来由于几件事，两家关系变得很僵。

第一件事，上官安想立女儿为皇后，霍光没有答应。霍光的女儿和上官安有一个女孩，年龄才五岁，上官安想通过霍光使女儿进入后宫，霍光认为外孙女还幼小，没有答应。但这件事最后被上官安弄成了。这主要由于汉昭帝的姐姐盖长公主帮忙。这个盖长公主可不是什么好女人，她与一位名叫丁外人的人私通，这个人是她儿子的门客。上官安很爱钻营，平时与丁外人关系很好，便对丁外人说："我女儿容貌端正，诚能得到盖长公主的帮助而入宫成为皇后，这样臣父子在朝为官就有皇后作依靠，此事能成在于足下。按汉朝的惯例，常常以列侯娶公主，足下何愁不能封侯呢！"丁外人很高兴，便告诉盖长公主，盖长公主深以为然，于是让汉昭帝下诏将上官安的女儿召入宫中，任命上官安为骑都尉。第二年，即始元四年（公元前 83 年），汉昭帝立上官氏为皇后，并大赦天下。

第二件事，上官桀父子为丁外人求官爵，霍光没有答应。元凤元年（公元前 80 年），上官桀父子的地位既已尊显，更加感恩盖长公主，想为盖长公主的情人丁外人求封侯，但霍光不答应。上官桀父子又为丁外人求光禄大夫的职位，想使其可以被皇帝召见，但霍光又不答应。盖长公主因为这个缘故怨恨霍光，而上官桀、上官安由于为丁外人谋求官爵都未能得到，也很惭愧。

第三件事，霍光专断朝政，上官桀父子非常不满。早在汉武帝时，上官桀就位居九卿，原先的位置高于霍光。及辅政时霍光政由己出，专断朝政，因此上官桀父子与霍光争权。

此外，上官桀的岳父宠爱的一个名叫充国的太医监，因私闯入殿，被下狱定为死罪。冬月即将过去，充国即将被执行死刑，盖长公主为充国交纳二十匹马赎罪，于是得以减免死刑。由此，上官桀、上官安父子深深地怨恨霍光而更加感激盖长公主。而盖长公主因情人丁外人未能封侯得官，因此也对霍光不满。

而燕王刘旦自认为是汉昭帝的兄长而没有被立为皇帝，常常心怀怨恨，他曾派遣孙纵之等人前后十多次，送金银、珠宝、跑马等贿赂盖长公主、上官桀、桑弘羊等人。而御史大夫桑弘羊因推行盐、铁、酒类专卖制度，为国兴利，自夸功劳，想为子弟谋取官位，霍光也没有答应，因而桑弘羊也怨恨霍光。于是，盖长公主、上官桀、上官安、桑弘羊都与燕王刘旦通谋，想除掉霍光。

《资治通鉴 · 汉纪十五》载，元凤元年（公元前 80 年），上官桀等要诈伪造燕王刘旦上书，称："霍光出都城校阅郎官及羽林军时，就像皇上出巡一样，还派太官预先安排。"又称："苏武出使匈奴二十年而不降，回国后只做了典属国的官；而霍光的长史杨敞并无功劳，却做了搜粟都尉；另外，霍光还擅自调兵增加自己府中的校尉。霍光专权，为所欲为，怀疑他有图谋篡位、企图不轨的非常之举。臣刘旦愿意交还燕王的印玺，进宫值宿保卫皇上，以监察奸臣行为的变化。"

等到霍光休假不在朝中时，上官桀将伪造的上书递给汉昭帝。上官桀希望汉昭帝批准交给下面官员去查办此事，然后由桑弘羊与诸大臣共同去抓霍光。但书上奏后，汉昭帝却扣留了，没有交给下面的大臣办理。

第二天早晨，霍光听说后，停在画室中不敢入殿。为什么停在画室？画室放了汉武帝叫黄门画的周公背成王的图，这正是汉武帝向霍光托孤行周公之事的意思。霍光之所以停在画室，而不停在别的地方，正显示了霍光聪明和谨细之处。

诸位大臣上朝后，汉昭帝问："大将军（即霍光）来了吗？"上官桀回答说："因燕王控告大将军的罪行，所以他不敢入殿。"汉昭帝下诏："召大将军进殿。"霍光入殿后，脱下官帽，叩头请罪。汉昭帝说道："将军请戴上帽子。朕知道这个上书是伪造的，将军无罪。"

霍光说："陛下如何知道的呢？"汉昭帝说："将军去广明校阅郎官，是最近的事；选调校尉到现在，不到十天，燕王远在边塞如何得知呢！况且将军要造反，也不需要校尉。"此时汉昭帝年仅十四岁，尚书及左右官员非常惊骇。

后来上书的人（上官桀的党羽）果然逃跑，汉昭帝下令紧急追捕。上官桀等人害怕，便对汉昭帝说："小事用不着这样。"汉昭帝不听。当上官桀的同党中有人谗害霍光时，汉昭帝就会怒斥说："大将军是忠臣，先帝托付他辅佐我，谁敢毁谤大将军就治罪！"自此以后，上官桀等人不敢再说霍光的坏话。

所以，一位十四岁的青少年竟有如此的分析判断能力，如此明察秋毫，识别忠奸，确实令人震惊。这也说明，汉昭帝不愧为"昭昭之明"。

司马光在《资治通鉴·汉纪十五》中对汉昭帝明察秋毫这件事，自己虽然没有直接评论，但引用了唐朝名相李德裕的一段评论，这段评论也代表了司马光的观点。李德裕首先称赞汉昭帝说："人君之德，莫大于至明，明以照奸，则百邪不能蔽矣，汉昭帝是也。"意思是君主的德，莫大于圣明。明察秋毫以洞悉奸诈，则百般邪恶不能蒙蔽，汉昭帝就是这样的人。李德裕最后还指出，假使汉昭帝能得到伊尹、吕尚的辅佐，则周成王、康王都不值得与他相比。

司马光在《资治通鉴·汉纪二十》中还有一段评论（"臣光曰"），批评汉元帝不能明察知人，使得自己老师周堪被贬为河东太守，周堪的弟子张猛被贬为槐里县令。司马光因此强调："人君者，察美恶，辨是非，赏以劝善，罚以惩奸，所以为治也。"就是说，作为君主，应当明察美好与邪恶，辨别是对还是错，并做到赏以劝善，罚以惩奸，这样才能使国家达到治世。所以，作为王者，要以汉元帝为鉴，如果以奸邪之人为忠正，疏远真正贤良之人，那么即使夜以继日地为政务操劳，也是于事无补的；要以汉昭帝为法，能明察秋毫，识别贤愚忠奸，才能真正做好统御管理。

诸葛亮：开诚布公，深得人心

“开诚布公”，这个成语讲的是诸葛亮，源自史学家陈寿的《三国志·蜀书·诸葛亮传》，这里面陈寿评价说：“诸葛亮之为相国也，抚百姓，示仪轨，约官职，从权制，开诚心，布公道。”“开诚心，布公道”后来就简化为成语“开诚布公”，意思是诚意待人，坦白公正。这个“开诚布公”可以说是极高境界的统御管理心法。司马光在《资治通鉴》中记载了诸葛亮开诚布公的一些事迹。

一是失街亭后奖功罚过，自贬三等引咎自责。《资治通鉴·魏纪三》载，魏明帝太和二年（公元228年），因失街亭，诸葛亮进行了奖功罚过。比如裨将军王平连续规劝马谡，马谡没有听从，等到战败时，部队全部分散，只有王平所率的一千人还擂着战鼓在防守，张郃怀疑王平有伏兵，不敢去进逼，于是王平渐渐收聚各营残兵，率将士返回。诸葛亮杀了马谡和将军李盛之后，剥夺了将军黄袭等的兵权，只有王平格外受到重用，提升他为参军，统领五部军队兼管安营扎寨的事务，晋升其为讨寇将军，封为亭侯。同时，赵云、邓芝的军队也在箕谷战败，赵云收拢部众据守，所以损伤不大，赵云也因兵败被贬为镇军将军。而诸葛亮本人也向后主上书请求将自己降职三级，对战争的失败承担责任。后主刘禅于是任命诸葛亮为右将军，代行丞相事。

这时，有人劝诸葛亮再度发兵，诸葛亮说：“大军在祁山、箕谷的时候，都比敌贼多，但没有打败敌人，反被敌人打败，这问题的症结不在兵少，只在将帅一人。现在我想精兵简将，严明惩罚，反思过失，期待在将来寻找到能灵活用兵的方法；如果不能这样的话，即便兵多又有什么好处？从今往后，凡是尽忠忧国之士，只管多多批评我的过失，那么大功告成的日子就可翘足而待了。”于是，诸葛亮考察将士，连微小功劳也不放过，对为国牺牲的加以甄别，引咎自责，将自己的过失在境内公开宣布，并且练兵讲武，准备将来进取，将士们精简干练，百姓很快忘记了过去的失败。

二是依法惩治李平，不搞株连。李平，即刘备白帝城托孤时的另一位大臣李严，后来改名为李平。《资治通鉴·魏纪四》载，太和五年（公元231年），诸葛亮攻打祁山，李平留在后方，主管粮运事务。时值大雨连绵，李平害怕运粮不继，派参军狐忠、督军成藩宣旨，召诸葛亮回师，诸葛亮承旨撤军。李平听到军队撤退，就假装惊讶说：“军粮充足，为什么就回来了？”又要杀死督运岑述用来推脱自己失职不办的责任，还向后主刘禅上表说：“军队佯退，想以此引诱敌贼。”诸葛亮拿出李平前后亲笔所写的全部书信、奏疏，彼此矛盾重重。李平理屈词穷，叩头承认所负的罪责。于是诸葛亮上表叙述李平前后的罪过，罢免了他的官职，削去了他的封爵和食邑，流放梓潼郡。

同时，诸葛亮又任命李平的儿子李丰为中郎将、参军事，作教令告诫李丰说：“我与你父子同心合力辅助汉室，上表推举为你父亲主管汉中，委派你镇守东部重镇，自认为你们会真心感动，自始至终可以保持，哪里想到中途会分开！（从前楚国的令尹斗穀於菟多次被罢官，却能够官复原职，可见往正道上想的得福，符合自然规律）如果你父亲反思罪过，一心为国，你与蒋琬推诚共事，那么闭塞的可以再通畅，失去的可以再得到。仔细想想这些规劝，明白我的用心！”从这可以看出，诸葛亮虽依法处罚了李平，但仍重用他的儿子李丰，而且非常真诚地告诉他们父子俩，走正道才可以有机会。

三是公示财产，清正廉洁。《资治通鉴·魏纪四》载，起初，诸葛亮上表后主说：“臣诸葛亮在成都有桑树八百株，薄田十五顷，家中子弟衣食已有余，别无其他收入。如果到鞠躬尽瘁那一天，不让家里有多余的布帛、外面有多余的钱财，以免辜负陛下。”最后，财产果然如他所说。这是史料记载的三国时期“财产公示”的第一人。

通过这几件事可以看出，诸葛亮在“开诚布公”方面有如下特点。一是真诚待人。对群下都讲心里话，推诚共事。二是执法公正。不偏袒权贵，如对待托孤大臣李平；也不阿亲，如对待马谡；不搞株连，如对待李平的儿子。三是清正廉洁。严格律己，如失街亭后，自贬三等；公示财产，清廉自守。

诸葛亮为政开诚布公，在蜀国非常得民心，百姓皆追思。史学家陈寿在《三国志 · 蜀书 · 诸葛亮传》说：“诸葛亮病逝后，黎民百姓都追思。到了晋朝，梁州、益州的百姓赞述诸葛亮的话仍在耳边，即使《甘棠》颂扬召公，郑人歌颂子产，也不能与此种情形相比。孟子说‘以使百姓休息安逸为目的而劳役他们，百姓即使劳苦也不会抱怨；以使更多人生存为目的，百姓即使因此丧命也没有愤恨’，确实如此啊！”在中国历史上，很多帝王都不是出于孟子所说的这两个目的，像秦始皇修阿房宫，纯粹是为了个人，百姓当然会有怨言。仅有少数人能做得到，像大禹治水，动用很多民力，甚至牺牲了一些人，但是百姓一点都不怨恨，因为百姓知道治水是为了让自己过上好日子。而诸葛亮掌管国政，做到了这一点，所以非常难得。

不仅如此，诸葛亮还赢得了敌国将士的爱戴。景耀六年（公元 263 年）秋天，魏国镇西将军钟会征伐蜀汉，到汉川时，前去祭拜诸葛亮祠庙，下令军中士卒不得在诸葛亮墓附近放牧砍柴。所以，诸葛亮确实伟大啊！

司马光在《资治通鉴》中高度关注诸葛亮的施政风范，尤其称赞他的“开诚布公”。有的是出现在正文中，有的则是引述他人的评价。举例如下。

张裔的评价。张裔是丞相长史，是诸葛亮的重要助手。《资治通鉴 · 魏纪四》载，张裔常常称赞诸葛亮说：“公赏不遗远，罚不阿近，爵不可以无功取，刑不可以贵势免，此贤愚之所以佥忘其身者也！”就是说，诸葛亮行赏不遗漏疏远的人，责罚不偏私亲近的人，封爵不允许无功者获取，刑责不因为是权贵而免除。这就是贤能者和一般人都能够忘身报国的原因。

陈寿的评价。司马光在《资治通鉴·魏纪四》中引述了陈寿对诸葛亮的评价：“诸葛亮作为丞相，安抚百姓，显明法度，简约官职，遵照法令制度，开诚布公，坦白无私。对尽忠而有益时务的，即使是仇者也必定奖赏；对犯法懈怠轻慢的，即使是亲近者也必定惩罚；对服罪而诚心悔改的人，即使罪行很重也必定释放；对花言巧语而伪饰真情的，即使罪行较轻也必定诛杀。再小的善行也要进行奖赏，再小的恶行也要贬责。诸葛亮精熟众事，处理事物能从其根本治理，要求名实相符，痛恨虚伪不实。诸葛亮去世后，蜀国上下都怀有敬爱之情，刑罚之政虽然严峻但没有怨恨的人，因为他用心公平公正而劝诫分明。他可以称得上通晓治国之道的良才，是和管仲、萧何相匹配的人。”

历史学家钱穆教授《政学私言》中《政治家与政治风度》一文讲：“晚汉如诸葛亮，实为有大政治家之风度者。……诸葛亮曾谓：‘开诚心，布公道。’此六字即足括尽大政治家应有之风度。‘诚心’最为高风，‘公道’最为广度。”作为领导者，应当效仿诸葛亮开诚布公，如此方是大政治家风度，如此才能深得人心，这才是统御管理的大智慧！

十　根基管理心法

事业根基，若要做大、做强、做久，极不容易。

根基做大，必须保持进取心，不断扩张。秦国从秦献公开始就一直保持进取，历经秦孝公、秦惠文王、秦昭襄王、秦庄襄王，直到秦始皇“奋六世之余烈，振长策而御宇内，吞二周而亡诸侯，履至尊而制六合”，最终兼并六国，统一天下。

根基做强，在于革故鼎新。《资治通鉴·周纪二》载，周显王七年（公元前362年），秦孝公即位，当时六国都把秦国当作未开化的夷狄，不准让秦国参加中原诸侯会盟。于是，秦孝公发愤图强，广布德政。后任用商鞅变法，“行之十年，秦国道不拾遗，山无盗贼，民勇于公战，怯于私斗，乡邑大治”。

根基做久，更在于居安思危。一味做大做强，容易滋生骄傲情绪，所以要居安思危。前秦君主苻坚在王猛等贤臣的辅佐下，国富兵强，并且消灭了前燕、前凉，攻占了东晋的部分领土。苻坚因此骄傲起来，发动了淝水之战，失败后英雄末路，最后被姚苌缢杀。司马光在《资治通鉴·晋纪二十八》中评论说：“苻坚之所以灭亡，是由于屡次取胜后骄傲的缘故。”

秦始皇：兼并六国，统一天下

众所周知，中国历史建立第一个统一的帝制王朝的人是秦始皇。司马光在《资治通鉴》中记载，自秦王政十三年（公元前 234 年）至二十六年（公元前 221 年），秦始皇用了十三年兼并六国、统一天下。

《资治通鉴 · 秦纪一》载，秦王政十三年（公元前 234 年），秦将桓齮率军征伐赵国，在平阳击败赵将扈輒的军队，斩杀十万人，并杀了扈輒。赵国国君任命李牧为大将军，领兵在宜安、肥下与秦军再战，秦军失败，桓齮逃奔回秦国。

十四年（公元前 233 年），秦将桓齮再次进攻赵国，夺取了宜安、平阳、武城。这一年，韩王向秦国割让土地，并献出印玺，请求作为秦国的藩臣。

十五年（公元前 232 年），秦王嬴政出动大军进攻赵国，一路军队抵达邺地，一路军队抵达太原，攻克了狼孟、番吾，遇到赵国的李牧率领的赵军而撤回。

十六年（公元前 231 年），韩国割献南阳地给秦国，秦国派军队前往韩国接收。紧接着，魏国也割献土地给秦国。

十七年（公元前 230 年），秦国的内史胜率军灭掉了韩国，俘获韩王安。秦国在韩国的土地上设置了颍川郡。

十八年（公元前 229 年），秦将王翦统率驻扎在上地的军队攻下井陉，端和率领河内驻军一同进攻赵国。赵国的大将李牧、司马尚领兵顽强抵抗秦军。因秦国用重金收买赵王的宠臣郭开，诋毁李牧和司马尚谋反。赵王因此便派赵葱及颜聚取代他们。李牧被杀、司马尚被废。

十九年（公元前228年），秦将王翦率军攻击赵军，大破赵军，杀赵葱，颜聚逃亡。于是攻陷邯郸，俘虏了赵王迁。王翦接着率军驻扎在中山，以威慑燕国。赵国的公子赵嘉统率他的宗族数百人逃往代地，自立为代王。赵国灭亡后，在逃的赵国官员们逐渐地投归代王，与燕国合兵一处，共同驻扎在上谷。

《资治通鉴·秦纪二》载，秦王政二十年（公元前227年），燕太子丹派荆轲刺秦王，失败。秦王大怒，增派军队到赵国，随王翦的大军攻打燕国。秦军在易水以西与燕军和代王的军队会战，大破燕、代之兵。

二十一年（公元前226年），秦将王翦攻克燕都蓟城，燕国国君和太子丹率精兵向东保辽东，秦将李信领兵急追。代王赵嘉送信给燕王，要他杀太子丹献给秦王。太子丹这时躲藏在衍水一带，燕王即派使节杀了太子丹，准备献给秦王。但秦王再次发兵攻燕。这一年，秦将王贲进攻楚国，攻陷十多座城。

二十二年（公元前225年），秦将王贲率军征伐魏国，引汴河的水灌淹魏国都城大梁。大梁城垣塌毁，魏王假投降，被杀，魏国灭亡。这一年，秦将李信进攻平舆，蒙恬攻击寝，大败楚军。李信再攻鄢郢，攻克了该城，于是率军西进，到城父与蒙恬的队伍会合。楚军趁机尾随在后，三天三夜不停宿休息，反击中大败李信的军队，攻入秦军的两个营地，斩杀了七个都尉。李信率残部逃奔回秦国。秦王不得已亲自请用老将王翦。

二十三年（公元前224年），秦将王翦率大军取道陈丘以南抵达平舆。楚国人闻讯王翦增兵而来，便出动国中的全部兵力抵抗秦军。王翦下令坚守营寨不与楚军交锋。楚人多次到营前挑战，秦军始终不出战。王翦每天让士兵休息、洗沐，享用好的饮食，安抚慰问他们，并与他们共同进餐。这样过了很长一段时间，王翦派人问："军中进行什么嬉戏啊？"回答说："军士们正在玩投石、跳跃的游戏。"王翦便说："这样的军队可以用来作战了。"此时楚军既然无法与秦军交锋，就挥师向东而去。王翦即率军尾追，令壮士们发起突击，大败楚军，直至蕲县之南，斩杀楚国将军项燕，楚军于是溃败逃亡。王翦乘胜夺取并平定了楚国的一些城镇。

二十四年（公元前 223 年），秦将王翦、蒙武俘获了楚王芈负刍，在楚地设置楚郡。

二十五年（公元前 222 年），秦国大举兴兵，派王贲率兵进攻辽东，俘获了燕王姬喜，紧接着王贲率军攻代，俘获代王赵嘉。这一年，秦将王翦全部平定楚国长江以南的地区，降服百越的首领，设置了会稽郡。

二十六年（公元前 221 年），秦将王贲率军从燕国向南进攻齐国，突然攻入都城临淄，齐国国民中没有敢于抵抗的。秦国派人诱降齐王，约定封给他五百里的土地，齐王于是投降了。但是秦国却将他迁移到共地，安置在松柏之间，最终齐王被饿死。齐国人埋怨君王田建不早参与诸侯国的合纵联盟，却听信奸佞、宾客的意见，以致国家遭到灭亡。

以上就是秦始皇兼并六国、统一天下的经过。

可以这么说，秦始皇是第一位把中国统一起来的人物，不但在政治上统一中国，而且统一了中国的文字、中国各种制度如度量衡，有些制度后来一直沿用下来。秦始皇之所以了不得，在于他统一了中国，使中国成为统一的、多民族的国家，这也是他最大的功绩。

秦始皇之所以能够统一中国，与在他之前的秦孝公、秦惠文王、秦昭襄王等几代君主的奋斗是分不开的，与商鞅变法、张仪连横、范雎远交近攻等顶尖人才的政策措施是分不开的。

但秦始皇个人的雄才大略也是极其重要的，他没有躺在祖宗的功劳簿上不思进取，而是继续前进，最终统一了天下。作为王者，当效仿秦始皇不断做大根基，同时也要以秦始皇为鉴，当根基做大时，也要及时更改治理政策，让百姓得到休养生息，这样才能巩固根基。

汉武帝：开拓疆土，平定四夷

汉武帝之所以称为武帝，是因为他在武功上非常值得称道。他即位之后一改过去汉高祖、汉文帝、汉景帝对四夷的守势，积极采取攻势，开疆拓土、平定四夷。可以说，首次展示中国大汉雄风的正是在汉武帝一朝，而中国的疆土在这个时候比秦始皇时要大得多。司马光在《资治通鉴》中详细记载了汉武帝开拓疆土、平定四夷的经过。

一是在北面，大破匈奴。自汉高祖白登之围后，汉朝对匈奴采取的基本是和亲的防御性政策，即使在文景之治时也没有主动进攻过。而汉武帝则采取了进攻的态势，并基本击溃了匈奴。

《资治通鉴·汉纪十》载，元光二年（公元前133年），因为“马邑之谋”（诱匈奴主力到马邑，进行伏击）被匈奴单于察觉而没有成功，自此以后，匈奴断绝与汉朝的和亲，进攻扼守大路的要塞，常常入侵汉朝边境。元朔二年（公元前127年），汉武帝派遣卫青、李息从云中郡出击，向西一直打到陇西，在黄河以南进攻匈奴的一方的楼烦王和白羊王，斩获和俘虏数千人，夺得牛羊一百多万头，赶走了楼烦王和白羊王，夺取了黄河以南地区。

《资治通鉴·汉纪十一》载，元朔五年（公元前124年），汉武帝派遣卫青等人共率十多万人分三路出兵，卫青率三万骑兵出塞六七百里，突袭匈奴右贤王所部，右贤王仅与数百骑兵突围，此战共俘获一万五千多人。元狩二年（公元前121年），汉武帝任命霍去病为骠骑将军，率骑兵一万自陇西出发北击匈奴，击破匈奴五个属国，杀折兰王，斩卢侯王，俘获浑邪王的王子及相国、都尉，斩获匈奴军士八千九百多人，并夺得休屠王用以祭祀上天的金人。同年夏天，霍去病孤军深入二千余里，俘获单桓、酋涂王及相国、都尉等降者两千五百人，斩获三万零二百人，俘获小王七十多人。元狩四年（公元前119年），骠骑将军霍去病从代郡、右北平郡出塞两千余里，穿越大沙漠，与匈奴左部的军队遭遇，俘获匈奴屯头王、韩王等三人及将军、相国、当户、都尉等八十三人，“封狼居胥山，禅于姑衍，登临翰海”，共俘获七万零四百四十三人，汉武帝增加霍去病食邑五千八百户。从元光五年（公元前130年）至元狩四年这十一年间，汉朝攻打匈奴，匈奴遭受重大损失，自此向北方远遁。

二是在西面，开拓西域。《资治通鉴·汉纪十二》载，元鼎六年（公元前111年），汉武帝发兵十万人，派将军李息、郎中令徐自为征讨西羌，平定了西羌。

《资治通鉴·汉纪十三》载，元封三年（公元前108年），汉武帝派将军赵破奴攻击西域车师国。赵破奴率轻骑兵七百余名先到西域，生擒楼兰王，然后大破车师国，并威震乌孙、大宛等国。汉武帝封赵破奴为浞野侯。王恢因辅佐赵破奴攻袭楼兰国，被封为浩侯。于是从酒泉到玉门都有了汉朝设立的边防要塞。太初三年（公元前102年），汉武帝在充分动员全国兵力和后勤保障后，派遣贰师将军李广利出征大宛，所到之处，西域各小国无不迎接。行至轮台，轮台国不降，汉军攻破后进行了屠城。自此向西，汉军直抵大宛城下，大败大宛军，其后大宛内讧将大宛王杀死并求和。于是，大宛献出好马和大批粮食。汉军便扶立过去对汉朝态度友好的大宛贵族昧蔡为大宛王，订立盟约后罢兵而还。自从大宛被打败后，西域震恐，因此汉使到西域更加顺利地完成了任务。于是，从敦煌西到盐泽，处处建起亭燧，而轮台、渠犁等地都有汉朝屯田的士兵几百人，并设置使者、校尉领护，用来供给出使外国的使者。这是汉在西域最早设置的军事和行政机构。

三是在南面和东南面，开拓南越、东越。《资治通鉴·汉纪十二》载，元鼎六年（公元前 111 年），汉武帝派楼船将军杨仆攻入越地，首先挫败南越军的前锋，然后率部下数万人等待伏波将军路博德到来一同前进。到番禺时，南越王赵建德、丞相吕嘉据城而守。楼船将军杨仆攻败越人，纵火烧城。后来城中南越人全部投降。赵建德、吕嘉已于半夜逃到海上，伏波将军路博德派人追击，并活捉了赵建德、吕嘉。南越平定后，汉武帝在南越设立了南海、苍梧、郁林、合浦、交趾、九真、日南、珠厓、儋耳九郡。大军返回后，汉武帝重赏了路博德、杨仆等人，加封了路博德食邑，封杨仆等四人为侯。同年，汉武帝派横海将军韩说、楼船将军杨仆、中尉王温舒及南越降将分四路大军进攻东越。元封元年（公元前 110 年），汉军进入东越国境，东越王命徇北将军镇守武林，杨仆部下士兵钱塘人辕终古将徇北将军斩杀。原东越衍侯吴阳率当地武装七百人背叛东越王。一位名叫敖的东越建成侯等杀死东越王馀善，率众归降。至此，东越也平定。

四是在东面，征服朝鲜。《资治通鉴 · 汉纪十三》载，元封二年（公元前 109 年），汉武帝下令招募天下犯有死罪的人为士兵，由楼船将军杨仆率领，从齐地渡渤海，左将军荀彘从辽东出发，征讨朝鲜。元封三年（公元前 108 年），汉武帝因为杨仆、荀彘两位将军未能取胜，便派卫山前往朝鲜，用军事压力劝谕朝鲜王卫右渠归顺。卫右渠会见卫山，叩头道歉，说道："我愿意归降，但害怕两位将军用诈术杀我；如今见到天子信节，所以请求再次归降。"卫右渠派太子前往汉朝谢罪，并献马五千匹，为汉军提供军粮。朝鲜太子率众一万余人，手持武器，将要渡过水。卫山和荀彘疑心生出变故，便对太子说："既然已经归降，应命你手下人不要携带兵器。"太子也怕卫山和荀彘用计杀他，于是不肯渡水，带人返回。后来荀彘攻破水岸上的朝鲜军队，于是向前推进，逼临王险城下，包围城西北。杨仆也率领部众前往会合，屯兵城南。但卫右渠坚决守城，汉军一连数月未能攻下。汉武帝因为荀彘、杨仆二人包围王险城后行动不一致，军队许久不决战，所以派济南太守公孙遂前往纠正，并授权公孙遂遇事可以相机行事。公孙遂用天子符节召楼船将军杨仆，将其逮捕并兼并了其所属部队。荀彘将两支部队合并后，随即加紧对朝鲜发动进攻，最后平定朝鲜。汉武帝便在那里设置乐浪、临屯、玄菟、真番四郡。

五是在西南面，平定夜郎、滇国。《资治通鉴·汉纪十》载，元光五年(公元前 130 年)，汉武帝任命唐蒙为中郎将，率领士兵一千人和运输粮食衣物的民夫一万多人，经过巴、蜀两郡进入夜郎境内，招降了夜郎，汉武帝在这一地区设立了犍为郡。汉武帝又任命司马相如为中郎将，持皇帝的符节出使西夷，利用巴蜀两郡的官府财物收买西夷，在邛都地区设立了一个都尉、十多个县，隶属于蜀郡。《资治通鉴·汉纪十三》还载，元封二年（公元前 109 年)，汉武帝派将军郭昌、中郎将卫广征调巴、蜀地区的军队攻灭劳深、靡莫两国，兵临滇国。滇王举国投降，于是汉朝在该地设置益州郡。此时，汉朝先后灭掉了南越和东越两国，剿平了西南夷各部族，新增设了十七个郡，仍按当地原有风俗习惯进行治理，不征收赋税。

从以上可知，汉武帝开疆拓土，平定四夷，远扬了大汉声威，可谓武功赫赫。民国史学大师夏曾佑在《中国古代史》中讲："中国之教，得孔子而后立。中国之政，得秦皇而后行。中国之境，得汉武而后定。三者皆中国之所以为中国也。"也就是说，我们中国的版图，是由汉武帝而定下来的。所以，作为王者，当效仿汉武帝保持进取攻势，将根基不断拓展，为后世打下坚实基础。

北魏孝文帝：革故鼎新，国力强盛

所谓革故鼎新，就是革除旧的，建立新的。这个成语出自《周易·杂卦传》中的“革，去故也；鼎，取新也。”北魏孝文帝在北魏太武帝、文成帝、献文帝的基础上不断拓展，革故鼎新，使北魏国力强盛，出现了中兴的局面。司马光在《资治通鉴》中详细记载了北魏孝文帝革故鼎新的事迹。

第一，整顿吏治。《资治通鉴·齐纪二》载，永明二年（公元484年），北魏孝文帝下诏实行官吏俸禄制，并规定俸禄制度实行以后，受贿一匹布帛的都处死。而且朝廷分别派出使者，到各地纠察巡视太守、县令中贪污等不法行为。

《资治通鉴·齐纪五》还载，建武元年（公元494年），北魏孝文帝下诏说：“三年考核一次官员政绩，三次考核后根据情况进行提拔或罢免。这对于可以罢免的官员来说当然不认为太迟，但对于可以提拔的官员来说却是被拖延了。朕如今三年考核一次，立即施行提拔和罢免，想要让那些愚笨的不要妨碍贤者的进取，使才能高的不要处在下位。”

第二，实行均田制。《资治通鉴·齐纪二》载，给事中李安世上书说：“每次遇到灾荒，老百姓就四处逃散，他们的田地大多被豪强贵族们所霸占、掠夺。古代的井田制度难以恢复，朝廷应该使土地平均些，使农夫耕种土地的面积和人口数量相当。”北魏孝文帝赞赏李安世的建议，由此讨论均田方案。

这一年（公元485年），北魏孝文帝颁布均田令，下诏派遣使者分别去各州郡，与各州郡长官推行均田制。

第三，推行三长制。由于北魏起初没有地方基层行政制度，靠大家族的宗主来监督地方行政事务，老百姓大多隐瞒或假冒别人的户籍，有时三五十家才有一个户口。《资治通鉴·齐纪二》载，永明四年（公元486年），内秘书令李冲上疏建议推行邻长、里长和党长三长制。北魏开始建立党长、里长、邻长制度，重新核定百姓的户籍。

第四，迁都洛阳。

第五，革除旧俗。这主要是实行汉化政策。

根据《资治通鉴·齐纪五》《资治通鉴·齐纪六》记载，北魏孝文帝还实行了以下汉化政策。

一是穿汉服。建武元年（公元494年），孝文帝下诏禁止鲜卑贵族穿着鲜卑服，一律改穿汉服。

二是讲汉语。建武二年（公元495年），孝文帝下令："在朝廷中不得讲鲜卑语，违背者免去所任官职。"

三是改汉姓。建武三年（公元496年），孝文帝下诏，将鲜卑人原有的姓氏改为汉姓。

四是通婚姻。即同汉族通婚。

五是改籍贯。即凡迁到洛阳的鲜卑人，一律以洛阳为原籍。

六是用汉官制。孝文帝让王肃仿照南朝齐，重新制定官制礼仪。

应当说，孝文帝的革故鼎新是比较全面的，涉及政治、经济、文化和社会风俗等多方面。就其作用来看，也是显而易见的。比如第一项改革是政治方面的，实行官吏俸禄制和考绩制，有利于防止贪污，澄清吏治。第二项改革是经济方面的，推行均田制，抑制了土地兼并，有利于提高农民生产的积极性。第三项改革涉及基层社会治理，实行三长制，取代了原来的宗主督护制，巩固了基层政权。第四项改革也是政治方面的，迁都洛阳，有利于接受汉族先进文化，同时保持对中原地区的攻势。第五项改革是文化和社会风俗方面的，有利于民族的融合，形成天下一家。通过北魏孝文帝的革故鼎新，北魏国力强盛。

英国著名历史学家汤因比说："文明的成长，是由创造性人物的行动来进行的，它经常是个人的创造，或是具有创造性的少数人的成就。"尤其在和平时代，能创造时势的人才比较少，稳健保守、面面俱到是主流特性，一般的人安于传统、安于现状，稍有学问的人则溺于所识、溺于所闻。在这种情况下，不容易有敏锐的眼光和洞察力，难有前瞻性、创造性的思考。当社会运行久了出现僵化时，就必须有创造性的人物来推动变革。作为王者，当效仿北魏孝文帝勇于革故鼎新，向先进文化学习，使得根基获得突破性成长，确保国家崛起、民族振兴和百姓幸福。

唐太宗：以德怀远，敬畏慎终

中国古代之盛，莫过于隋唐，但是隋之国祚过短，唐之国祚则近三百年，因此唐朝更受关注。而唐朝之中，最有作为的三位帝王是唐太宗、唐玄宗、唐宪宗。北宋史学家、文学家欧阳修在《新唐书·太宗本纪》中评论说："唐有天下，传世二十，其可称者三君，玄宗、宪宗皆不克其终，盛哉，太宗之烈也！"意思是，唐朝拥有天下，传二十代君主，其中值得称道的只有三位，唐玄宗、唐宪宗都不能善始善终；唐太宗的功业，强盛啊！可见，在唐之"三宗"中，独有唐太宗将基业保持得最好，能够善始善终。

唐太宗的根基管理心法在于以德怀远、敬畏慎终。以德怀远，使基业扩大，四夷归服；敬畏慎终，使根基能保持久远，传之后世。司马光在《资治通鉴》中记载了唐太宗以德怀远、敬畏慎终的事迹。

关于以德怀远。根据《资治通鉴》的记载，主要有以下。

一是视天下为一家，爱护夷狄。《资治通鉴·唐纪八》载，武德九年（公元626年）九月，继位不久的唐太宗说："王者视四海如一家，封域之内，皆朕赤子。"

《资治通鉴·唐纪十三》载，贞观十八年（公元644年），唐太宗派兵远征辽东，将突厥人安置在河南一带，离京师很近，因此众位大臣都认为不太合适，担心突厥人成为后患。但唐太宗说："夷狄也是人，其人情与中原人没有什么大的差别。作为君主担心恩德不施及百姓，不必猜忌夷狄。德泽和洽，则四方民族可以使他们如同一家；猜忌若多，即使至亲骨肉也不免成为仇敌。"

二是偃武修文，以德安抚。《资治通鉴 · 唐纪九》载，贞观三年（公元629年）八月，薛延陀毘伽可汗派遣弟弟统特勒向唐朝进献贡品，唐太宗赐以宝刀及宝鞭。突厥颉利可汗大为恐惧，开始派遣使者称臣，请求娶唐朝公主，以女婿礼节对待唐朝。

《资治通鉴 · 唐纪九》载，贞观四年（公元630年），唐太宗对长孙无忌说：“贞观初年，上书的人都说：‘君主应当独立掌握威权，不可委任臣下。’又说：‘应当耀武扬威，征讨四夷。’只有魏征劝朕‘偃武修文，中原安定，四夷自然臣服’。朕采纳他的话。如今突厥的颉利可汗被擒，其部落首领到宫中成为带刀宿卫，部落的百姓都穿戴中原服饰，这是魏征的功劳！”

三是接受四夷归降朝贡，礼遇牂柯、党项、吐蕃。《资治通鉴 · 唐纪九》载，贞观三年（公元629年）九月，突厥俟斤九人率领三千骑兵来降，拔野古、仆骨、同罗、奚酋长都率领众人来降。十二月，突厥突利可汗入朝，靺鞨派遣使者进献贡品，突厥郁射设率领所部来降。闰十二月，东谢酋长谢元深、南谢酋长谢强来朝。

这个时候远方各国来朝贡者很多。牂柯酋长谢能羽以及充州蛮进献贡品，党项酋长细封步赖来降。党项族据地三千里，每姓别为一部，互不统属，细封氏、费听氏、往利氏、颇超氏、野辞氏、旁当氏、米擒氏、拓跋氏等均是其大姓。步赖受到唐朝礼遇后，其余各部也相继来降。这一年，户部上奏说：“中国人从塞外归来，以及四夷前后投降归附的人，男子一百二十多万。”

《资治通鉴 · 唐纪十》载，贞观六年（公元632年），党项羌族前后有三十万人归附大唐。

《资治通鉴 · 唐纪十二》载，贞观十五年（公元641年）正月，唐太宗命令礼部尚书、江夏王李道宗护送文成公主到吐蕃。松赞干布非常高兴，见到李道宗，行子婿之礼。由于文成公主厌恶吐蕃人的脸上都涂着红褐色，松赞干布便下令禁止涂面；他渐渐改变其猜忌粗暴的本性，派遣子弟到长安国子监学习，学习《诗经》《尚书》等典籍。

由于唐太宗实行以德怀远的政策，所以四夷都归服。《资治通鉴 · 唐纪十四》载，贞观二十二年（公元 648 年）二月，当时四方大小各族的君主首领争先恐后派遣使者进贡朝见，道路上往来不绝，每年正月朝贺的人数常常有数百上千人。唐太宗召见各族使者，对侍臣说："汉武帝穷兵黩武三十多年，使得中原凋敝，但所获几乎没有什么，怎么能与今日以德安抚，使不毛之地都成为大唐编户相比呢！"

当然，唐太宗也使用武力征伐，主要针对那些主动进攻唐朝的，如对东突厥、薛延陀、高昌、吐谷浑等。此外，对于出现不守信用、僭越的也以武力讨伐，如对高丽臣子盖苏文、莫离支杀害其君主即如此。

关于敬畏慎终。根据《资治通鉴》的记载，主要有以下。

一是敬畏上天和臣民。《资治通鉴 · 唐纪八》载，贞观二年（公元 628 年）二月，唐太宗对侍臣说："人们都说天子最为尊贵，没有可以畏惧害怕的。朕则不是这样，对上畏惧上天的监督，对下畏惧群臣的注视，因此兢兢业业，还担心不合乎上天之意，不能与百姓的期望相称。"魏征说："这的确是治世的要领，愿陛下慎终如始，那就好了。"从这里可以看出，唐太宗是有敬畏之心的，他有三畏：畏天、畏臣、畏民。

二是居安思危，慎始慎终。《资治通鉴 · 唐纪九》载，贞观五年（公元 631 年）十二月，唐太宗对侍臣说："治国如治病。病人感觉到要痊愈之时，还应当调养保护好自己，如果立即自我放纵，疾病就会复发，不可救治。如今中国稍稍安定，四夷都前来归服，确实是自古以来少有，然而朕一天比一天谨慎，唯恐不能善始善终，因此想多次听到卿辈的谏诤。"魏征说："国家内外安定，臣不以为喜，臣喜的是陛下能够居安思危。"

三是不以强盛而骄傲自满。《资治通鉴 · 唐纪十》载，贞观六年（公元 632 年）七月，唐太宗在丹霄殿宴请三品以上官员。唐太宗从容说道："现在中外安定，都是你们的功劳。然而隋炀帝威加四夷、华夏，东突厥颉利（可汗）跨有北荒之地，西突厥统叶护（可汗）雄踞西域，如今都已覆亡，这都是朕与你们亲眼所见，不要以一时强盛而骄傲自满啊！”

《资治通鉴·唐纪十二》载，贞观十五年（公元641年）八月，唐太宗对侍臣说：“朕有二喜一惧。近年来粮食丰收，长安城一斗粟才值三四钱，这是一喜；北方部落久已归服，边疆没有祸患，这是二喜。但是，天下安定之后容易滋生骄傲奢侈，骄傲奢侈就会导致危亡立刻到来，这是一惧。”

由于唐太宗以德怀远、敬畏慎终，所以能开创“贞观之治”，而且天下思咏。后晋史学家刘煦编撰《旧唐书》时，在“太宗本纪”中称赞“贞观之风，至今歌咏”。也就是说，唐太宗去世将近三百年后，到了后晋之时，天下仍然歌咏传颂贞观之风。

在善始善终方面，即使是史上称道的一些君主也难以做到。如晋武帝在开始时非常英明，平凉灭吴，统一了天下，并且社会也出现了“太康之治”。可是统一天下后他却不能慎终，开始骄傲起来，好色怠政，以致他去世之后，就出现了“八王之乱”。又如梁武帝萧衍自幼好学，文武兼备，是南朝时期的全才帝王，他在位四十八年，早期创造了继南朝刘宋“元嘉之治”、萧齐“永明之治”之后的第三个稳定繁荣局面——“天监之治”。然而，梁武帝后期却劳民伤财、宽纵权贵、昏庸不明，终于导致了“侯景之乱”，梁武帝本人也饿死于台城。再如唐宪宗早年用杜黄裳、李绛、裴度削平藩镇之乱，末年用皇甫镈而不克其终。

《尚书·武成》中讲：“大邦畏其力，小邦怀其德。”意思是，大国敬畏他的威力，小国感怀他的恩德。《道德经》第六十四章讲：“慎终如始，则无败事。”所以，无论做人，还是做事，当效仿唐太宗以德怀远、敬畏慎终。

周世宗：志在天下，规划宏远

周世宗虽然在位时间只有五年六个月，但在《资治通鉴》中出场很多，这显然是司马光有意安排。司马光似乎对周世宗这位帝王注入了更多的情感，专门为周世宗写了两篇评论（“臣光曰”），并对其做了总体评价，而且直接称其为英武、仁明之主，这是比较少见的。司马光眼中的优秀帝王之德就在于“仁、明、武”，而周世宗全都具备。可惜，周世宗寿命不永，导致大业易于宋太祖之手。但是周世宗志在天下、规划宏远的精神却是根基做大、做强、做久的必备。司马光在《资治通鉴》中详细记载了周世宗志在天下、规划宏远的事迹。

一是慨然有平天下之志，规划宏远。《旧五代史 · 周世宗本纪》记载了周世宗的三个十年规划。这里面讲，周世宗志在天下，常常担心国祚太快而功业不成。王朴精于术数，一天他问王朴说：“朕能当几年皇帝？”王朴说：“陛下用心，以苍生为念，自当蒙福。臣本来鄙陋，以所学推算，三十年后不是我所知道的。”周世宗高兴地说：“如果像卿所说，寡人当以十年开拓天下，十年养百姓，十年致太平，足够了。”

二是思考致治之方，以“开边策”亲试群臣。《资治通鉴 · 后周纪三》载，显德二年（公元 955 年），周世宗对宰相说：“朕每每思考致治之方，没有得到其中的要领，因此寝食不安。又从后唐、后晋以来，吴地、蜀地、幽州、并州都阻断了教化，没有能够统一，应该命令左右近臣撰写《为君难为臣不易论》和《开边策》各一篇，朕将览看。”也就是说，周世宗考虑治天下太平的方略，于是亲自策问左右近臣，题目就是“为君难为臣不易论”“开边策”。

比部（刑部有比部司）郎中王朴进献对策，认为：“中国丧失吴地、蜀地、幽州、并州，都是因为朝廷失道。如今一定要观察之所以失去这些地方的根本原因，然后才能知晓如何收取失地的方法……”

周世宗对王朴的对策欣然接纳。当时群臣多是守成规、苟且偷安之辈，所献的对策少有可取之处，只有王朴“神峻气劲，有谋能断”，符合周世宗的心意。周世宗由此非常看重他的胆气识见，不久便提拔王朴为左谏议大夫、知开封府事。后来更深得周世宗信任，每当周世宗出征时，王朴留守京城，并且还任最高军事长官枢密使一职。王朴在辅佐周世宗期间，“制礼作乐，考定声律，正星历，修刑统，百废俱起”。周世宗取三关、取淮南，都是采纳王朴的谋划。

三是进取江南，使南唐归服。《资治通鉴·后周纪四》载，显德四年（公元957年）二月，周世宗亲征南唐，从大梁出发，攻破寿春城。同年十月，周世宗又再次亲征南唐，从大梁出发。十一月，渡过淮水到达濠州城西。濠州东北十八里有个滩，南唐人在那里设置了栅栏，四周环水以固守，以为后周的军队必定不能渡过。周世宗亲自攻打，命内殿直（官职名）康保裔带领甲士数百人，乘着橐驼涉水，赵匡胤率领骑兵随后，于是拔除。周世宗又亲自攻濠州，王审琦拔掉了南唐军的水寨。南唐军队在濠州城北屯战船数百，又竖立巨大的木头在淮水中，周世宗命令水军攻打，拔除巨大的木头，焚烧战船七十多艘，斩首两千多级，又攻取羊马城，城中震恐。周世宗听说南唐有战船数百艘在泗水东准备救濠州，于是又亲自带兵于夜晚进攻，大破南唐兵于洞口，斩首五千多级，降兵两千多人。不久，周世宗又亲自带领军队从淮北进发，命令赵匡胤率领步骑从淮南进发，诸将率领水军从中流进发，共同追击南唐军队。到达楚州西北时大破南唐军队。南唐军队有沿淮东而下的，周世宗亲自追击，宋太祖为前锋，追赶六十里，擒获南唐保义节度使、濠泗楚海都应援使陈承昭。

《资治通鉴 · 后周纪五》载，显德五年（公元958年）正月，周世宗亲自监督众将攻打南唐楚州城，驻扎于城下，终于攻克楚州。不久，南唐主听说周世宗在长江岸上，害怕周世宗南下渡江，于是派遣兵部侍郎陈觉奉表，后来又派遣刘承遇奉送表章自称唐国主，请求献出长江北面庐、舒、蕲、黄等四州，每年进献贡物十万。于是长江以北全部平定，得到十四个州、六十个县。至此，江南归服。

司马光在《资治通鉴 · 后周纪五》对周世宗有一段总体评论："周世宗在藩镇时，多韬光养晦，等到即皇帝之位时，在高平一役中大破入侵的北汉，众人开始敬服他的英勇神武。他统率军队，号令严明，无人敢违犯军纪，攻城对敌时，飞箭流石落在左右，他人都惊慌失色而周世宗面不改色；他应机决策，往往出人意料。周世宗勤于治政，各部门的簿籍，过目不忘，发现奸人隐伏，明察秋毫犹如神明。他闲暇之时，便召见儒者读前代历史，商榷大义。周世宗生性不喜好乐器、珍宝之物，经常说周太祖养成王峻、王殷之恶，致使君臣的名分不能有始有终，因此群臣有过错就当面质问责备，服罪改过就赦免，有功劳就厚赏。文武之才都任用，各尽其能，众人无不畏服他的严明而又感怀他的恩惠，因而能大破敌人、拓广土地，所向无前。然而周世宗用法过于严厉，群臣办事稍有没做好的，往往处以极刑，即使向来有才干声望的，也无所宽容，不久自己也后悔，末年能够宽宥。去世之日，四方远近都哀悼仰慕他。"

其他史书对他志在天下、不断进取的评价也非常高。《旧五代史 · 周世宗本纪》如此评价："世宗顷在仄微，尤务韬晦，及天命有属，嗣守鸿业，不日破高平之阵，逾年复秦、凤之封，江北、燕南，取之如拾芥，神武雄略，乃一代之英主也。"这里面，称赞了周世宗破高平、夺取秦州和凤州、征伐江北和燕南，就像捡拾草芥那么不费力，其神武雄略，是一代英主。

《新五代史 · 周本纪》评论说："周世宗在位五六年之间，取秦陇，平淮右，复三关，威武的声名震慑华夏和少数民族。他聘请名儒和文章之士，考究制度，修《通礼》、定《正乐》、议《刑统》，其创立的法律制度都可以施行于后世。他为人聪明通达，英勇果断，议论宏伟。”

南宋洪迈也认为：“周世宗英毅雄杰，以衰乱之世，区区五六年间，威武之声，震慑夷夏，可谓一时贤主。”

唐宋八大家之一的苏洵在《项籍论》这本书中提到：“项籍有取天下之才，而无取天下之虑；曹操有取天下之虑，而无取天下之量；玄德有取天下之量，而无取天下之才。故三人者，终其身无成焉。”意思是，项羽有夺取天下的才能，但是没有夺取天下的考虑；曹操有夺取天下的考虑，但是没有夺取天下的度量；刘备有夺取天下的度量，但是没有夺取天下的才能。因此这三人终身都没有成就统一天下的大业。

作为王者，当有取天下之才、取天下之虑、取天下之量，效仿周世宗志在天下、规划宏远，这样才能成就大事。